JN045364

貧困家庭の子どもが社会で成功する方法

永井 充 著

セルバ出版

まえがき

本書を書く大きなきっかけは2つあります。

1つは私が教員だったときに経験したことです。私は教員として、東京都立の高等学校で多くの生徒や保護者と接してきました。その中で一番に感じたことは、本書のテーマの1つである「教育の格差」です。

同じ都立高であっても、子ども達の置かれている環境は大きく違いました。そして子ども達が受ける教育の質も、親の収入によって大きく違っていました。

教員になって初めて赴任した東京都立上野高等学校は、あまり裕福ではない生徒がたくさん入学する学校でした。私はここで、どれだけ本人が優秀で学習意欲にあふれていても、家計の事情から大学進学を断念せざるを得ない生徒がたくさんいるのを見ました。

また大学進学が可能であっても、塾や予備校に通う余裕がないため十分な受験準備ができず、結果として思うような成果を出せない生徒も数多く見てきました。

次に赴任した都立小石川中等教育学校は、世帯年収が1000万円以上という裕福な家庭が大半を占めていました。この学校に通う生徒達は、塾や家庭教師を当たり前のように利用し、次々と難関大学に合格していきました。

同じ都立でも、親の収入が違うだけで結果が大きく異なっていたわけです。難関大学に合格した生徒達は、それなりの職に就き、親と同じ高収入が保証されます。

一方、貧困ゆえに学歴を積めなかった生徒達は、親と同じような低収入に終わります。どの家庭に生まれたかで学力・学歴が変わり、結果として格差の継承が続いていく現実を目の当たりにし、どんな家庭に生まれようとも、本人の意欲と努力さえあれば高い水準の教育を受けられるようにしなければならないと強く感じるようになりました。

そしてもう1つの理由は、私自身も母子家庭――いわゆる貧困層に分類される家庭の出身であるということです。高校大学と奨学金を借り、必死になって大学まで卒業し、やっとの思いで教員にもなれました。

だからこそ、貧困家庭から大学に進学することがどれだけ大変なのか、身に染みてわかっています。

と同時に、貧困家庭でも大学進学が可能であること、また奨学金を借りなくても学歴を積む方法があること、それを本書を通して多くの人に伝えたいと思いました。

そしてすべての子ども達に、高い水準の教育を受けられる権利を保障するためには、当事者だけでは解決できません。それも伝えたいことの1つです。本人やその家庭だけでなく、地域の力、さらには政治の力、この3つがそろってこそ初めてすべての子ども達が自身の望む教育を受けられるようになるのです。

それゆえ、本書はこれから進学を考えている若い世代やその家族だけでなく、すべての世代の方に読んでほしいと思っています。

「格差社会」と言われて久しいですが、その格差を再生産しているのが、他でもない教育の現場です。この教育の場を変えていくことで、格差の再生産を防ぐことができます。

教育の場から「格差社会」に終止符を打つ、それが日本の未来をいい方向に導くのだと信じています。

永井　充

2023年2月

貧困家庭の子どもが社会で成功する方法　目次

第1章　格差が広がっている！

第2章　なぜ格差は生まれるのか

第3章　貧困・格差の再生産

第4章　格差を乗り越えろ～子ども達へのメッセージ～

第5章　子どもは社会で守っていく～地域社会との連携の必要性～

第6章　「機会の平等」を実現するには～国がやるべきこと～

第1章　格差が広がっている！

1　進学したくてもできない子ども達が増えている

「格差社会」

これは、この日本の現状を象徴する言葉の1つです。多くの人が「貧しさ」を感じ、一部の富裕層をうらやんでいる――これが今の日本の社会の姿です。

しかし、かつて日本は「一億総中流社会」と称された時代もありました。高度経済成長を経て、当時の日本国民のほとんどが「自分は中流である」と思っていたのです。当時は今と違い、「格差」を感じる者は少数派でした。いつからこの日本は、「貧しい」が多数派になってしまったのでしょうか。

一億総中流社会から格差社会へ

日本経済が悪い方向へ大きく舵を切った時期は、はっきりとしています。それは1998年頃です。

この年はバブル崩壊後、一時的に持ち直した経済が再び悪化した時期にあたります。この頃の日本経済は、GDP（国内総生産）の長期にわたる減少や消費税率の引き上げなど、とにかくいろいろありましたが、家計に限って言いますと、多くの世帯で収入に余裕がなくなり、経済的な不安を感じる人が増え出した時期でした。日本経済が悪い方向へと舵を切った――1998年とは、そういう年だったのです。

それから約四半世紀が経ちました。当時、人々が感じていた経済的な不安は現実となっていることは、今を生きる皆さんならよくわかっていることでしょう。経済状況がどんどん悪化していく中で、経済的体力のない世帯から徐々に生活が苦しくなっていきました。その結果、一億総中流社会から、世帯全体の61・5%が平均所得金額以下という、所得格差の大きい社会へと変わっていったのです。

そしてこの格差のあおりを一番に受けているのが、日本の未来を担うべき子ども達にほかなりません。今、子ども達はどのような状況に置かれているかご存知でしょうか。

子ども達の置かれている状況をひと言でいうなら、「教育の機会均等の喪失」です。格差によって子ども達は、「等しく教育を受ける」ということができなくなっています。それは、ただ「同じ教育を受けることができない」という単純な問題ではありません。次世代へと続いていく悪循環が起こっています。このことについては、3章を中心に詳しく話していきます。まずは子ども達がどのような状態に置かれているのか見ていきましょう。

地域格差

格差社会と言いましたが、子ども達に影響を与えている格差は所得だけではありません。住んでいる場所でも大きく違っているのです。

まず、図表1を見てください。

文部科学省の調査によりますと、2020年度の高等学校中途退学率（中退率）は、全国平均で1・1％となっています。しかしこの中退率、都道府県によって大きな差があるのです。

中退率が一番低いのは徳島県で0・5％となっています。反対に一番中退率が高い沖縄県では、1・7％と、倍以上違います。この中退率は、東京都（1・1％）と埼玉県（0・7％）とのように、隣同士であっても大きな差があることがあります。ちょっとした境界線の差で地域差が大きく出ることが、この数字からでも伝わってきます。

ところで、この調査では中退の理由を「学業不振」「学校生活・学業不適応」「進路変更」「病気・けが・死亡」「経済的理由」「家庭の事情」「問題行動等」「その他」に分けて統計を取っています。この中で、家庭環境が原因と見られる「経済的理由」と「家庭の事情」の2つにしぼって、地域による家庭環境の差を見てみましょう。

全国平均では、「経済的理由」から中退した生徒の割合は1・5％、「家庭の事情」では4・0％です。この合計5・5％が、家庭環境が原因で中退していったことになります。そしてこの数値も、地域の差がかなりあります。

例えば「経済的理由」の割合が全国で一番高いのは茨城県で、6・6％もあります。また茨城県は「家庭の事情」の割合も高くなっており、全国平均を大きく上回る14・8％もあります。この2

〔図表１　中途退学率〕

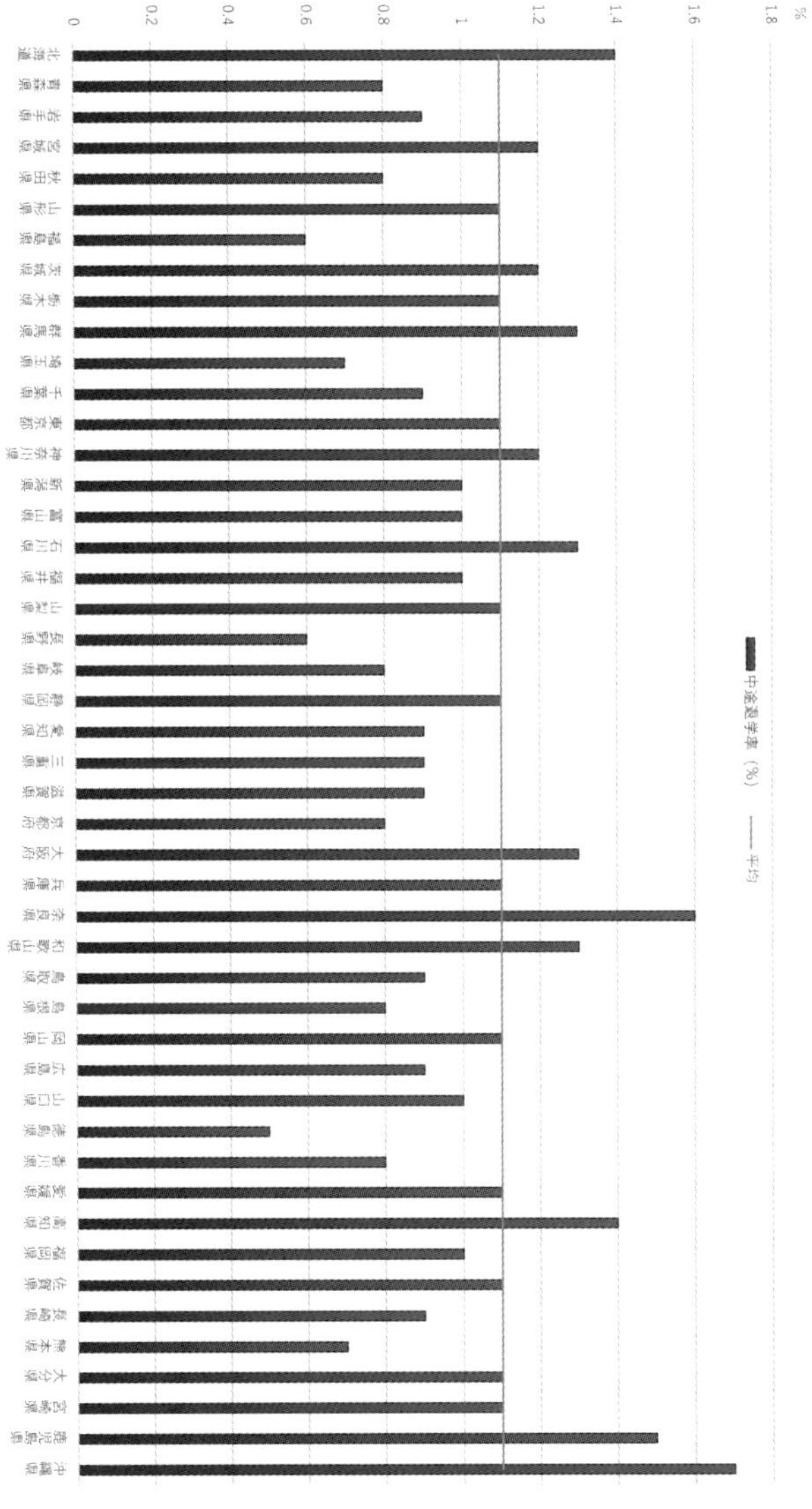

出典：文部科学省　令和２年度 児童生徒の問題行動・不登校等生徒指導上の諸課題に関する調査結果について

つを合わせると21・4%もあります。茨城県では中退した生徒のうち、実に2割以上の原因が家庭環境だったことになります。

なお、「家庭の事情」の割合が一番高いのは愛媛県で、17・8%となっています。ただ愛媛県は、「経済的理由」が0%となっているので、家庭環境が原因で中退した生徒の割合という点で見ると、茨城県よりも数値は低くなります。しかしどちらにしても、「家庭の事情」で中退する生徒の割合が、他県に比べて高いことには変わりません。

この「家庭の事情」で辞めるということは、「高校がイヤになって辞めた」のではなく、「辞めたくないのに、辞めることになった」ということを示唆しています。つまり、「やる気があるのに勉強の機会を失うことになった」可能性があるわけです。

全国的に中退の理由として一番多いのは「進路変更」です。高校進学時に考えていた進路とは違う方向に進むために中退したということです。辞めたくないのに辞めることになった「経済的理由」と「家庭の事情」は少数派です。しかし前述の茨城県では、「進路変更」を理由とするものが、「経済的理由」と「家庭の事情」をあわせた数値とほぼ同じになっています。それくらい茨城県では、他県に比べて家庭環境が原因で学業の継続が困難になっている生徒の割合が多いということが言えます。悪く言えば、親の都合で辞めさせられる子ども達が、他の都道府県に比べて多いということです。

図表2・3は各都道府県の中退率と中退理由をグラフにしたものです。

〔図表2　中途退学者の推移〕

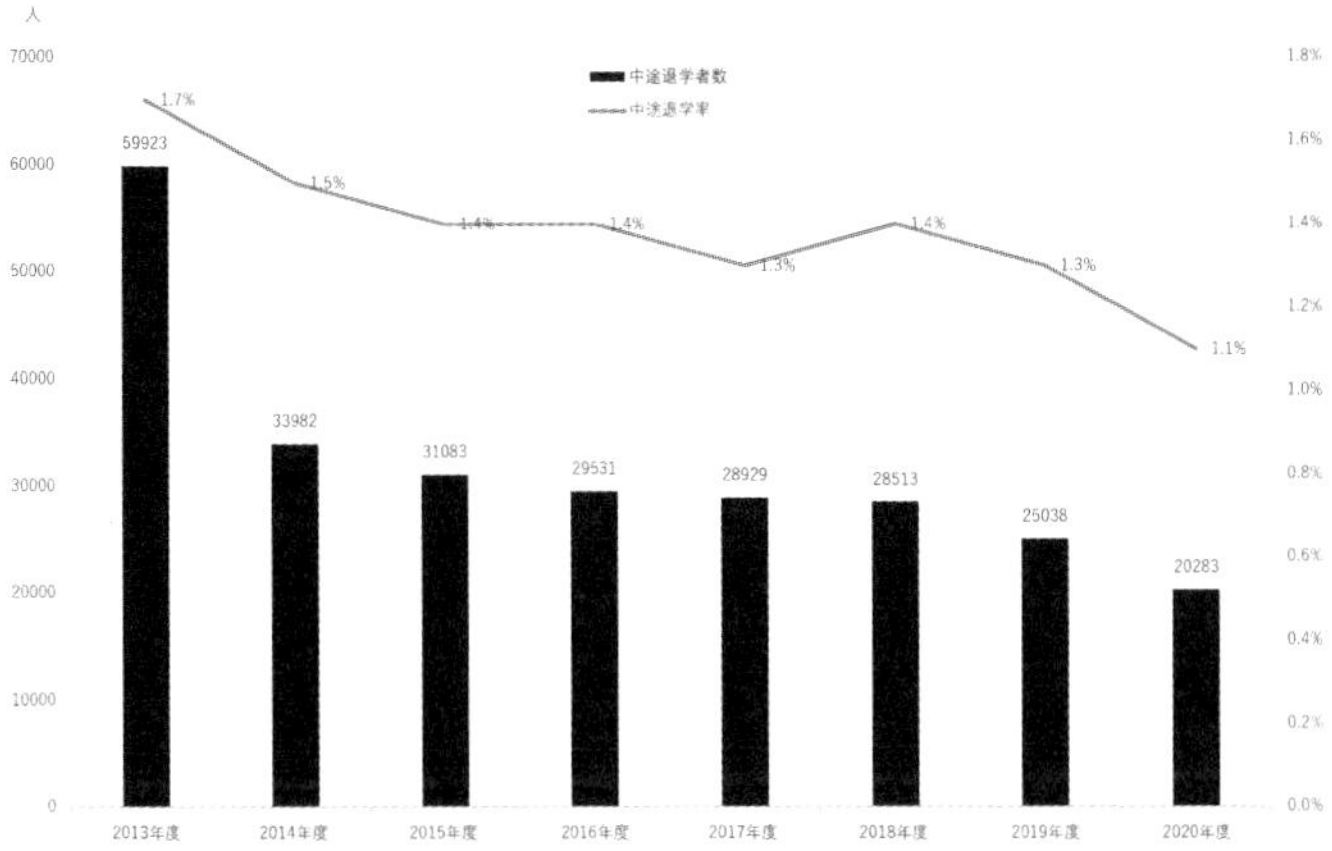

出典：厚生労働省　2021年国民生活基礎調査の概況　所得の分布図

このように、統計上の数値だけを見ても、地域による差が大きいことがはっきりとわかります。

現実はもっと深刻に

そしてもう1つ注意してほしいのは、これはあくまでも「統計」に出てきた「数値」であるということです。子ども達が中退していったため、このように数値として表せたのです。この数値の中には、困難な状況の中でなんとか卒業できた子ども達は含まれていません。そしてそういった子ども達のほうが多数派なのです。

例えば、授業料の支払いなど学費の工面が難しくなった生徒に対しては、授業料減や奨学金などさまざまな支援が存在しています。この統計の中にいるのは、こういった支援を受けても学費の工面ができず、経済的に卒業をあきらめた子ども達です。また、十分な進学資金が用意できなかった

〔図表３　都道府県別　事由別中途退学者数〕

都道府県	学業不振		学校生活・学業不適応		進路変更		病気、けが、死亡		経済的理由		家庭の事情		問題行動等		その他の理由		中途退学者数
北海道	73人	(3.8%)	526人	(27.5%)	1,047人	(54.7%)	79人	(4.1%)	28人	(1.5%)	76人	(4.0%)	51人	(2.7%)	35人	(1.8%)	1,915人
青森県	2人	(0.8%)	91人	(35.1%)	98人	(37.8%)	42人	(16.2%)	3人	(1.2%)	5人	(1.9%)	12人	(4.6%)	6人	(2.3%)	259人
岩手県	18人	(6.4%)	103人	(36.5%)	116人	(41.1%)	4人	(1.4%)	0人	(0.0%)	9人	(3.2%)	8人	(2.8%)	24人	(8.5%)	282人
宮城県	28人	(3.9%)	276人	(38.7%)	265人	(37.1%)	25人	(3.5%)	7人	(1.0%)	13人	(1.8%)	3人	(0.4%)	97人	(13.6%)	714人
秋田県	1人	(0.5%)	60人	(31.4%)	89人	(46.6%)	16人	(8.4%)	1人	(0.5%)	8人	(4.2%)	8人	(4.2%)	8人	(4.2%)	191人
山形県	5人	(1.6%)	96人	(30.0%)	155人	(48.4%)	23人	(7.2%)	0人	(0.0%)	9人	(2.8%)	14人	(4.4%)	18人	(5.6%)	320人
福島県	42人	(14.6%)	74人	(25.7%)	124人	(43.1%)	21人	(7.3%)	2人	(0.7%)	8人	(2.8%)	9人	(3.1%)	8人	(2.8%)	288人
茨城県	48人	(4.6%)	401人	(38.3%)	231人	(22.1%)	98人	(9.4%)	69人	(6.6%)	155人	(14.8%)	24人	(2.3%)	20人	(1.9%)	1,046人
栃木県	18人	(3.0%)	221人	(37.2%)	267人	(44.9%)	32人	(5.4%)	2人	(0.3%)	21人	(3.5%)	22人	(3.7%)	11人	(1.9%)	594人
群馬県	31人	(4.5%)	235人	(34.4%)	197人	(28.8%)	38人	(5.6%)	3人	(0.4%)	28人	(4.1%)	19人	(2.8%)	132人	(19.3%)	683人
埼玉県	149人	(11.9%)	630人	(50.1%)	338人	(26.9%)	50人	(4.0%)	12人	(1.0%)	47人	(3.7%)	8人	(0.6%)	23人	(1.8%)	1,257人
千葉県	90人	(6.4%)	540人	(38.4%)	516人	(36.6%)	96人	(6.8%)	19人	(1.3%)	53人	(3.8%)	51人	(3.6%)	43人	(3.1%)	1,408人
東京都	345人	(9.7%)	1,018人	(28.5%)	1,770人	(49.6%)	154人	(4.3%)	40人	(1.1%)	104人	(2.9%)	53人	(1.5%)	86人	(2.4%)	3,570人
神奈川県	107人	(4.3%)	711人	(28.9%)	1,007人	(40.9%)	72人	(2.9%)	20人	(0.8%)	95人	(3.9%)	31人	(1.3%)	419人	(17.0%)	2,462人
新潟県	22人	(3.8%)	172人	(29.8%)	198人	(34.3%)	30人	(5.2%)	0人	(0.0%)	12人	(2.1%)	4人	(0.7%)	140人	(24.2%)	578人
富山県	9人	(3.4%)	87人	(33.0%)	148人	(56.1%)	9人	(3.4%)	1人	(0.4%)	1人	(0.4%)	7人	(2.7%)	2人	(0.8%)	264人
石川県	8人	(2.0%)	122人	(30.6%)	168人	(42.1%)	10人	(2.5%)	0人	(0.0%)	7人	(1.8%)	8人	(2.0%)	76人	(19.0%)	399人
福井県	8人	(3.8%)	55人	(25.9%)	85人	(40.1%)	9人	(4.2%)	0人	(0.0%)	10人	(4.7%)	5人	(2.4%)	40人	(18.9%)	212人
山梨県	6人	(2.1%)	144人	(49.5%)	95人	(32.6%)	9人	(3.1%)	18人	(6.2%)	10人	(3.4%)	3人	(1.0%)	6人	(2.1%)	291人
長野県	18人	(4.9%)	111人	(30.1%)	156人	(42.3%)	27人	(7.3%)	5人	(1.4%)	15人	(4.1%)	9人	(2.4%)	28人	(7.6%)	369人
岐阜県	37人	(8.3%)	130人	(29.1%)	213人	(47.7%)	27人	(6.0%)	4人	(0.9%)	14人	(3.1%)	11人	(2.5%)	11人	(2.5%)	447人
静岡県	35人	(3.3%)	314人	(29.4%)	525人	(49.1%)	62人	(5.8%)	8人	(0.7%)	30人	(2.8%)	56人	(5.2%)	39人	(3.6%)	1,069人
愛知県	98人	(5.5%)	726人	(40.7%)	649人	(36.4%)	81人	(4.5%)	24人	(1.3%)	94人	(5.3%)	80人	(4.5%)	31人	(1.7%)	1,783人
三重県	22人	(4.8%)	148人	(32.0%)	184人	(39.7%)	25人	(5.4%)	6人	(1.3%)	27人	(5.8%)	26人	(5.6%)	25人	(5.4%)	463人
滋賀県	32人	(8.8%)	125人	(34.3%)	164人	(45.1%)	14人	(3.8%)	2人	(0.5%)	14人	(3.8%)	7人	(1.9%)	6人	(1.6%)	364人
京都府	42人	(7.1%)	207人	(34.8%)	238人	(40.0%)	33人	(5.5%)	6人	(1.0%)	17人	(2.9%)	35人	(5.9%)	17人	(2.9%)	595人
大阪府	247人	(8.3%)	831人	(28.0%)	1,255人	(42.3%)	107人	(3.6%)	67人	(2.3%)	90人	(3.0%)	36人	(1.2%)	337人	(11.3%)	2,970人
兵庫県	100人	(6.5%)	326人	(21.1%)	772人	(50.0%)	63人	(4.1%)	15人	(1.0%)	59人	(3.8%)	35人	(2.3%)	174人	(11.3%)	1,544人
奈良県	48人	(7.5%)	188人	(29.3%)	309人	(48.2%)	44人	(6.9%)	7人	(1.1%)	9人	(1.4%)	17人	(2.7%)	19人	(3.0%)	641人
和歌山県	32人	(9.2%)	108人	(31.2%)	137人	(39.6%)	8人	(2.3%)	0人	(0.0%)	12人	(3.5%)	8人	(2.3%)	41人	(11.8%)	346人
鳥取県	2人	(1.6%)	40人	(31.3%)	57人	(44.5%)	3人	(2.3%)	0人	(0.0%)	6人	(4.7%)	6人	(4.7%)	14人	(10.9%)	128人
島根県	7人	(4.4%)	45人	(28.3%)	84人	(52.8%)	7人	(4.4%)	0人	(0.0%)	4人	(2.5%)	7人	(4.4%)	5人	(3.1%)	159人
岡山県	32人	(5.1%)	169人	(26.7%)	334人	(52.8%)	15人	(2.4%)	24人	(3.8%)	22人	(3.5%)	26人	(4.1%)	11人	(1.7%)	633人
広島県	15人	(2.2%)	174人	(25.9%)	306人	(45.5%)	32人	(4.8%)	5人	(0.7%)	32人	(4.8%)	21人	(3.1%)	88人	(13.1%)	673人
山口県	21人	(6.1%)	98人	(28.2%)	156人	(45.0%)	26人	(7.5%)	12人	(3.5%)	16人	(4.6%)	10人	(2.9%)	8人	(2.3%)	347人
徳島県	1人	(1.0%)	28人	(28.9%)	53人	(54.6%)	6人	(6.2%)	1人	(1.0%)	3人	(3.1%)	3人	(3.1%)	2人	(2.1%)	97人
香川県	4人	(1.8%)	64人	(29.2%)	99人	(45.2%)	11人	(5.0%)	1人	(0.5%)	12人	(5.5%)	24人	(11.0%)	4人	(1.8%)	219人
愛媛県	5人	(1.2%)	123人	(29.9%)	152人	(37.0%)	11人	(2.7%)	0人	(0.0%)	73人	(17.8%)	6人	(1.5%)	41人	(10.0%)	411人
高知県	14人	(5.7%)	86人	(35.2%)	99人	(40.6%)	5人	(2.0%)	0人	(0.0%)	8人	(3.3%)	12人	(4.9%)	20人	(8.2%)	244人
福岡県	47人	(3.8%)	275人	(22.1%)	704人	(56.5%)	49人	(3.9%)	10人	(0.8%)	56人	(4.5%)	52人	(4.2%)	54人	(4.3%)	1,247人
佐賀県	13人	(5.0%)	65人	(24.8%)	45人	(17.2%)	13人	(5.0%)	2人	(0.8%)	4人	(1.5%)	18人	(6.9%)	102人	(38.9%)	262人
長崎県	5人	(1.6%)	67人	(21.1%)	183人	(57.5%)	21人	(6.6%)	4人	(1.3%)	13人	(4.1%)	15人	(4.7%)	10人	(3.1%)	318人
熊本県	40人	(12.3%)	105人	(32.4%)	105人	(32.4%)	17人	(5.2%)	1人	(0.3%)	26人	(8.0%)	21人	(6.5%)	9人	(2.8%)	324人
大分県	10人	(3.0%)	99人	(30.1%)	157人	(47.7%)	18人	(5.5%)	2人	(0.6%)	7人	(2.1%)	31人	(9.4%)	5人	(1.5%)	329人
宮崎県	10人	(2.9%)	127人	(37.2%)	137人	(40.2%)	6人	(1.8%)	2人	(0.6%)	9人	(2.6%)	20人	(5.9%)	30人	(8.8%)	341人
鹿児島県	53人	(6.5%)	108人	(13.3%)	334人	(41.1%)	55人	(6.8%)	32人	(3.9%)	28人	(3.4%)	37人	(4.6%)	165人	(20.3%)	812人
沖縄県	29人	(2.6%)	213人	(19.4%)	566人	(51.6%)	47人	(4.3%)	44人	(4.0%)	31人	(2.8%)	22人	(2.0%)	145人	(13.2%)	1,097人
全国	2,029人	(5.8%)	10,662人	(30.5%)	15,087人	(43.1%)	1,650人	(4.7%)	509人	(1.5%)	1,402人	(4.0%)	991人	(2.8%)	2,635人	(7.5%)	34,965人

出典：厚生労働省　2021年国民生活基礎調査の概況　各種世帯の生活意識

ため、望む進路を取れなかった子ども達も、当然この中には含まれてはいません。

望む進路を取れない子ども達の増加を示唆するデータもあります。それは高校進学率です。

２０２１年の高校進学率は98・８％もあります。中学卒業後、ほとんどの子ども達が高校に進学しているわけです。しかし、実はこれには「トリック」があります。この数値は「通信教育」に進学した生徒も含んでいるのです。

通信教育校への進学を除くと、高校進学率は95・０％となります。これは前年比からマイナス０・５％も落ち込んでいます。つまり通信教育へ進学する生徒が増加しているのです。通信教育は学費も安く、何より働きながら高校を卒業できます。

ただ注意しなくてはならないのは、増えた数字イコール経済的理由から通信を選んだ子というわけではありません。近年、サポート校（通信教育の卒業を支援する予備校のようなもの）の増加にともない、不登校から通信教育への進学を選ぶ子も増えているのも事実だからです。しかし、十分な学費を親が用意できなかったため、働きながら高校に通うという選択をした子ども達も少なくないのです。

「格差社会」の中で子ども達が置かれている状況をしっかりと理解することで、格差に苦しんでいる――つまり貧困層の中にいる子ども達を、どうしたら救えるのかが見えてきます。教育の現場で、私自身が目にした貧困の実態と、その経験から見いだした連鎖を断ち切る方法を、この１冊を通して伝えて行きたいと思います。

まずは、所得格差と地域格差の現状についてお話ししていきましょう。

2　広がる所得格差

「平均以下」が多数派

先ほど、〝世帯全体の61・5％が平均所得金額以下〟だといいましたが、これは「年間の所得が平均までいかない人達のほうが多い」、つまり「平均以下」が多数派であるということです。おそらく、多くの方が「平均が一番多い」というイメージがあるかもしれませんが、実際はそうではありません。

簡単に言うと、「収入が極端に多い一部の人達」によって、「平均所得金額」が高くなっている状態です。６割以上の人達は、「平均金額」よりも少ない収入を得ているのが実情なのです。では、多数派はどれくらいの所得を得ているのでしょうか。それは、所得の分布を見るとよくわかります。

厚生労働省が行っている国民生活基礎調査によると、２０２１年の平均所得は５６４万３０００円。しかし、所得の分布を見ると、最も世帯数が多いのが「３００～４００万円未満」で、13・4％の世帯がこの範囲の中にいます。その次が「２００～３００万円未満」で、13・3％。続いて「１００～２００万未満」に13・１％の世帯が存在しています（図表４。厚生労働省２０２１年国民生活基礎調査の概況　所得金額階級別世帯数の相対度数分布）。

〔図表４　所得の分布図〕

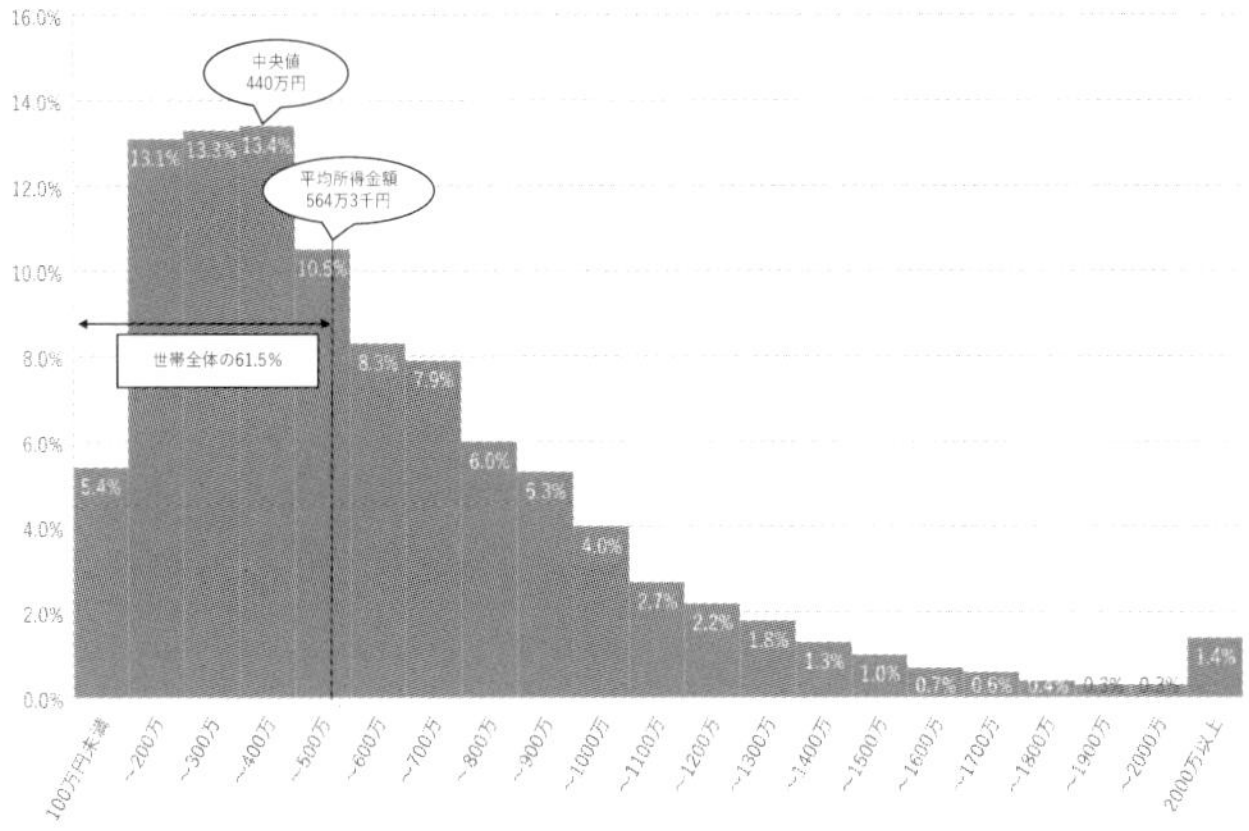

これらを合計すると、全世帯のうち約40％が「１００万円から４００万円」という平均年収よりもずっと低い年収を得ていることになります。そして平均所得に少し足りない層などすべて含めると、前述したように61・5％の世帯が平均所得以下になるのです。

つまり、5世帯あればそのうち3世帯が平均所得以下になるという計算です。平均所得以下が「多数派」というのはこういうことなのです。ご理解いただけましたでしょうか。

ちなみに平均年収は、１９９４年がピークでした。その当時の平均年収は６６４万２０００円もありました。その平均年収は１９９８年頃から年々緩やかに下がり続けました。そして、ここ数年は微増微減を繰り返しているような状況です。30年近くたっても当時の所得水準に戻っていない上に、物価自体はむしろ上がっています。つまり、「生活のゆとり」がない、カツカツの状態が約四半世紀も続いていることになります。

子どものいる世帯の現実

ところで、この数値は全世帯、つまり高齢者や単独、夫婦のみといった子どものいない世帯も含んでいます。家族構成も違えば、当然経済状況も変わってきます。そこで、子どものいる世帯に対象をしぼって見てみましょう。ここでいう子どものいる世帯とは、18歳未満の子どもがいる世帯となります。この子どものいる世帯の所得状況を見ると、どんな問題に直面しているかが見えてきます。

先ほどの図表4の統計によると、子どもがいる世帯の平均所得は、８１３万５０００円となります。全世帯平均は５６４万３０００円ですから、それよりもずっと高くなっていることがわかります。そしてこの全世帯の平均所得以下の割合は29・８％となっていて、平均所得を下回っている世帯の割合がずっと少なくなっています。所得の分布も「５００～８００万未満」が中心で、子どものいる世帯の36・８％がこの範囲の中にいます。

さて、このデータだけ見ると、子どものいる世帯の経済状態はとてもいいように見えます。しかし、実態は全く違っているのです。子育てをしているほとんどの世帯では、「豊か」だと感じているところはほとんどいないのです。

厚生労働省の国民生活基礎調査では国民の「生活意識」も調査しています（図表５・６・７）。それによると、18歳未満の子どもがいる世帯のうち、「生活が苦しい」と感じているのは59・２％もいます。過半数の世帯で「生活が苦しい」と感じているのです。ちなみに全世帯の平均は、53・

〔図表５　児童のいる世帯の生活意識〕

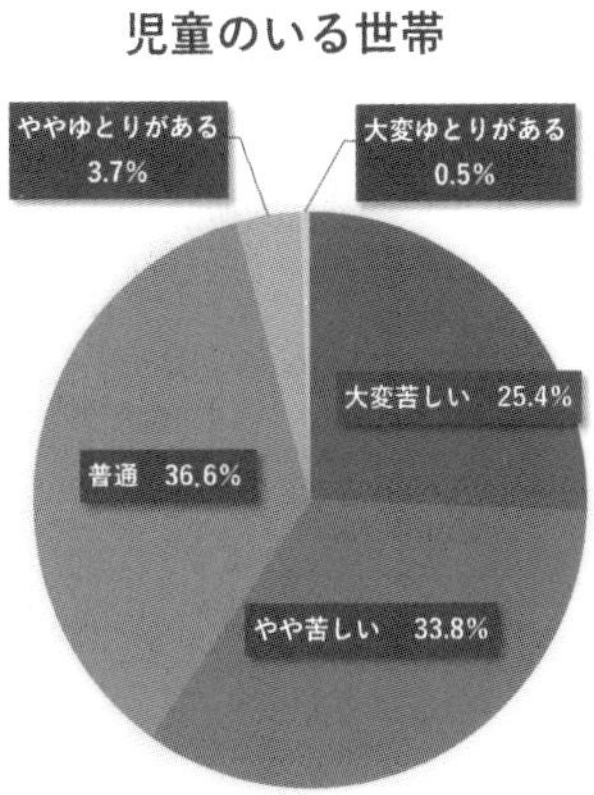

〔図表６　全世帯の生活意識〕

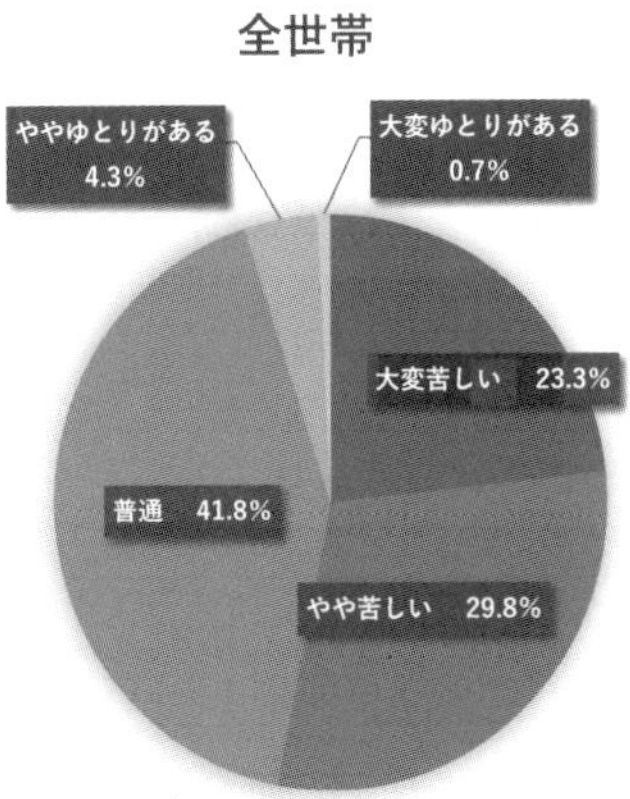

〔図表5-7〕出典：厚生労働省　2021年国民生活基礎調査の概況　各種世帯の生活意識

〔図表７　高齢者世帯の生活意識〕

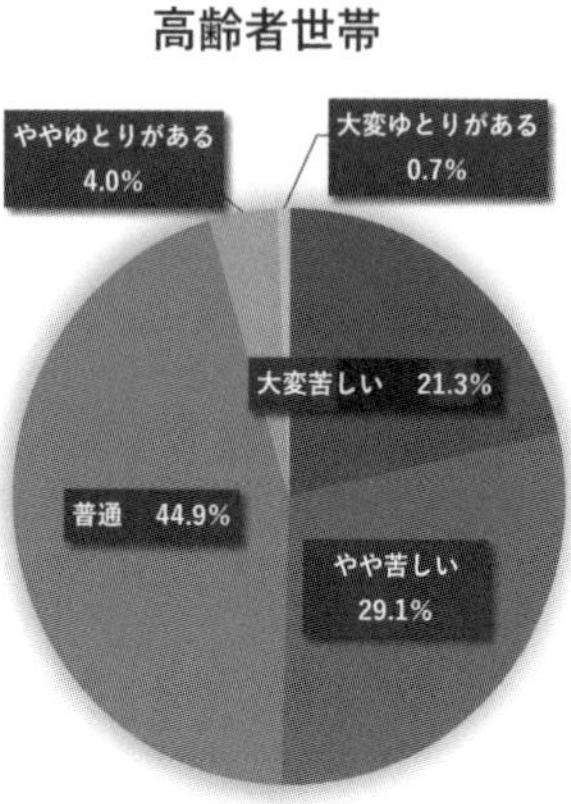

１%。これも決して少なくない数字ですが、子育て世帯はそれに比べても明らかに多くなっています。

逆に生活に「ゆとりがある」と感じている子育て世帯は、４・２%しかありません。全世帯平均でも５・０%ほどしかありませんが、やはり子育て世帯のほうが「ゆとりがない」のが見えてきます。ちなみに、よくも悪くもない「ふつう」と感じている子育て世帯の割合は36・６%で、この数値も全世帯平均の41・８%よりも少なくなっています。このようにほとんどの子育て世帯が、厳しい状況に置かれているのです。

つまり、ただ単純に「収入がある」＝「豊かである」と考えることはできないのです。そもそも家族が多ければ多いほど、その分、お金も必要になってくるわけです。

それをわかりやすくするため、世帯人員１人当たりの平均所得金額を見てみましょう。世帯年収を家族分で割ると、全世帯平均は236万3000円になります。ところが子どものいる世帯では200万1000円と、平均を大きく下回ってしまいます。このように、1人当たりで見ると、子育て世帯の収入は思ったよりよくないというのがわかるでしょう。

その上、子どものいる世帯では避けて通れない出費があります。そう、教育費です。つまり、子どものいる世帯では、入ってくる金額以上に出ていく金額も大きいのです。その結果、子育てをしている世帯の大半が、「生活が苦しい」と感じてしまうことになるのです。そして、忘れてはならないことがあります。「生活が苦しい」と感じている世帯は貧困、もしくは貧困と隣り合わせの危機的状況になっているのです。

2種類の貧困

収入があるのに「貧困」だというのは、妙に感じるでしょう。しかし、貧困＝収入がないとは限らないのです。実は貧困には「絶対的貧困」と「相対的貧困」の2種類があります。そして「相対的貧困」は、必ずしも無収入なわけではないのです。

まず、この「絶対的貧困」と「相対的貧困」について説明しましょう。

「絶対的貧困」とは、食料など生きていく上で必要最低限のものすら購入できない状態のことを指します。多くの方がイメージする「貧困」は、この「絶対的貧困」にあたります。

もう1つの貧困、「相対的貧困」とは、国や地域など1つの社会で見たとき、経済状態が下位に属するグループを示す言葉になります。

日本では相対的貧困に対する一定の基準を定めていて、それを下回った層を「貧困層」に分類しています。この層の割合を「相対的貧困率」といい、厚生労働省では3年に1度、統計を取ってその割合を算出しています。

この相対的貧困を決める基準は「貧困線」といいます。この貧困線の算出方法は次のようになります。

まず、世帯全体の「手取り収入」を「世帯人員の平方根」で割ります。「世帯人員」ではなく、平方根で割るのは、生活コストの差を調整するためです。例えば1人暮らしと3人家族だと、3人家族のほうが生活コストは低くなります。3人家族と5人家族を比べると、5人家族のほうがより生活コストは低くなります。世帯の人数が多ければ多いほど、生活コストは低くなっていくのです。平方根で割ることで、この生活コストの差を調整することができます。

そうして出した金額を低い順から、ちょうど〝背の順〟のように並べていきます。そしてちょうど真ん中に来る値が中央値になります。この中央値の半分の額を「貧困線」としています。ちなみに、2019年の調査からOECD（経済協力開発機構）の新基準での算出が始まっており、それに基づいた2019年の貧困線は124万円となっています。

2019年の調査結果では、「子どもがいる現役世帯」（世帯主が18歳から65歳の間で子どもがいになる世帯）で、この貧困線を下回るのは全体の13・1％です。だいたい7、8世帯に1世帯が貧困層になる計算です。

しかし、子どものみで算出する「子どもの貧困率」ですと、貧困率は14・0％まで増加します。つまり、子どもの7人に1人が貧困層に属していることになります。1クラスが35人から40人と考えると、そのうち5人は貧困家庭の子どもだということになります。貧困層世帯の割合よりやや多くなるのは、1世帯に子どもが1人とは限らないからです。どちらにしても、決して少ない数字ではありません。この子どもの貧困については、3章で改めて触れますので、そちらを参照してください。

ところで子どもの貧困について考えるとき、見過ごしてならないのは1人親世帯での貧困率です。子どものいる現役世帯のうち、1人親の世帯にしぼって貧困率を算出すると、その数値はなんと48・3％まで跳ね上がります。つまり1人親世帯の約半数が、貧困層に属していることになるのです。この1人親世帯の貧困については、2章でさらに詳しく解説していきますので、そちらをご覧ください。

なお、ここで示した貧困率は2019年のもの、つまりコロナ禍前に行った調査となります。新型コロナウイルス感染症のパンデミックによって起こった雇用の悪化や、円安などによる物価の高騰など、子どものいる世帯の多くが、この統計当時よりも生活が苦しくなっているのは間違いありません。内閣府の調査によると、新型コロナウイルス感染症の拡大で収入が減った世帯は32・5％

もあるそうです。

また、先ほど平均年収を参照した厚生労働省の２０２１年の「国民生活基礎調査」（図表４）は、コロナ禍がはじまった中での調査であるため、所得の中には特例給付金も含まれています。要するに所得に下駄を履かせた状態なのです。つまり子どものいる世帯では、世帯人数が多い分、より多く給付金をもらえているにもかかわらず、その大半は生活が苦しいと回答していることになります。子育て世帯がいかに厳しい状態に置かれているのかがよくわかります。

今の日本では、経済的に恵まれている子どもは少数派であるということをご理解いただけましたでしょうか。そして子ども達にとっての格差は、経済状況だけに留まりません。周囲の環境によって、いい教育が受けられるかどうかも変わってきてしまうのです。

日本全国、どこにいても同じ教育を受けられるわけではありません。この地域格差も、教育の機会均等を考えたとき、見過ごせない問題の１つになります。

3　地域ガチャ？　住んでいる所でもこんなに違う

ガチャは格差社会を象徴する言葉

「親ガチャ」を始め、「○○ガチャ」という言葉を最近よく聞くようになりました。このガチャという言葉、もともとはカプセルに入ったオモチャを購入する機械からきています。ファミリーレストランやショッピングモールなどによくある、コインを入れてレバーを回すと、カプセルに入ったオモチャが出てくるあの機械です。

この仕組みを真似たのが、ソーシャルゲーム（ソシャゲ）のガチャです。ソシャゲでいうガチャとは、ゲームのアイテムを抽選式で購入する仕組みのことです。購入が完了するまで何が出てくるかわからない上に、レアなものや欲しいものは滅多に出てきません。そこから転じて「自分では環境を選べないのに、その環境により物事の明暗が分かれること。（大辞泉）」をガチャというようになりました。

ソシャゲという、若い世代がよく遊ぶものから来ているため、格差社会を若者達がどう見ているかがよく伝わってくる言葉でもあります。「この不遇な環境は自ら望んだものではないし、引いてしまった以上、一生このままだ」という、格差社会へのあきらめがこの言葉の中に込められています。

しかし、不遇な環境は変えられます。環境をよくすることができるのです。そのためには、教育の力が必要不可欠なのです。これが本書のテーマです。

そのためには、現状についての正しい理解が必要になってきます。まずここで、まさに「地域ガチャ」と呼びたくなるような、住んでいる場所によって受けられる教育の質が大きく異なっていることについてお話しします。住んでいる場所が異なるだけでここまで環境が大きく違うのかと驚くと思います。

地域差の実態

先ほど、中退率とその理由は都道府県によって大きな差があるといいました。地域差は中退率だけではありません。受けられる教育も、地域によって大きく異なってきます。それを示すデータの1つに、子どもにかける教育費があります。

文部科学省が2018年度に行った「子どもの学習費調査」によると、子ども1人当たりの「学校外活動費」は人口規模が大きくなればなるほど金額が高くなるという傾向がありました。学校外活動費とは、主に塾や家庭教師など学校外の学習にかかる「補助学習費」で、それにピアノや絵画などの習い事、サッカーや野球、バスケなどのスポーツといった、学校以外での教育活動に使われる費用のことです。

この費用は、公立と私立、また学年によって変わってきますが、ここでは公立中学校で費やされる学校外活動費について見ていきたいと思います。

文部科学省の調査によると、公立中学校で年間に費やされる学校外活動費は、平均30万6491円です。これを人口規模で見ると次のようになります（図表8）。

人口「5万人未満」では20万5000円、「5万人以上15万人未満」では26万3000円と、平均以下の金額になります。そして「15万人以上」になると34万8000円で、平均を上回るようになり、「指定都市・特別区（政令指定都市と東京23区）」では、36万6000円とさらに高くなります。

〔図表８　公立中学校の学校外活動費〕

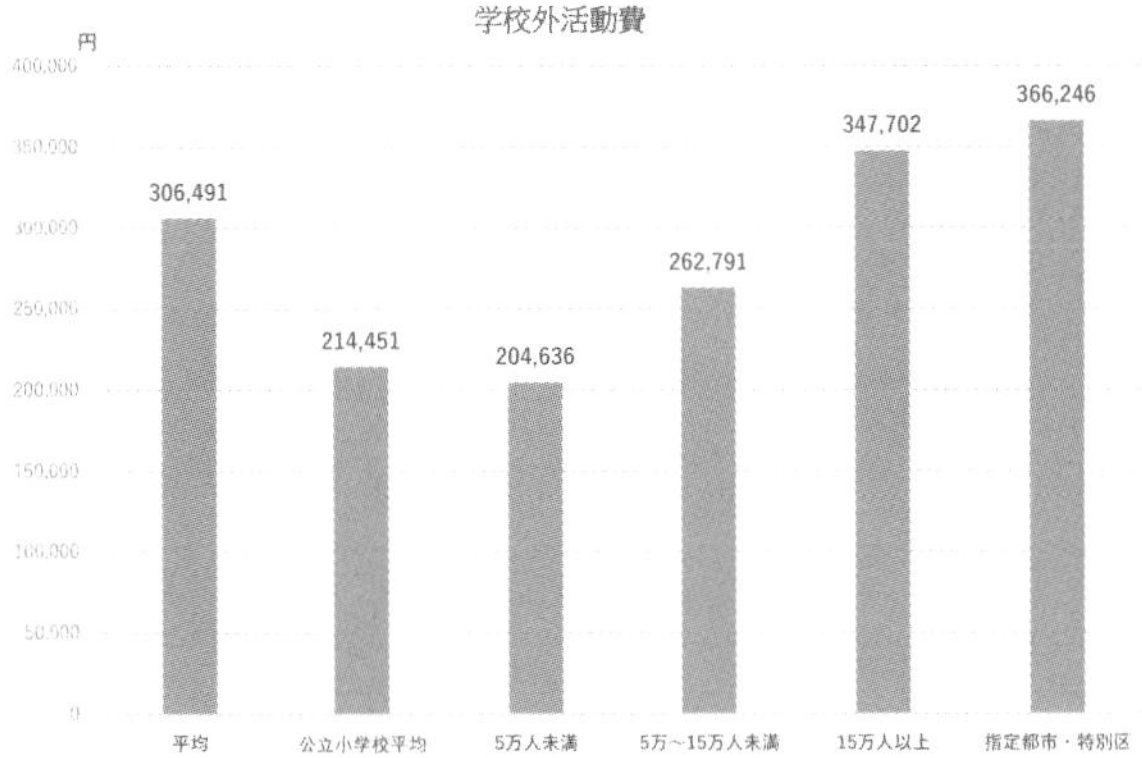

出典：文部科学省　2018年度子どもの学習費調査　人口規模別の学校外活動費支出状況

最も低い「5万人未満」と最も高い「指定都市・特別区」を比べてみると、年間15万以上、月額にして1万2500円以上も差があることがわかります。なお、5万人未満の学校外活動費20万5000円は、公立小学校の学校外活動費の平均21万4451円よりも低くなっています。

ちなみに、この学校外活動費の8割は塾や家庭教師に使われる「補助学習費」で、公立中学校の学習補助費の平均は24万3589円となっています。人口5万人未満の地域の20万5000円は、補助学習費に習い事などの費用を加えた額です。住んでいる地域が「都会」か「田舎」で、ここまで大きな差が出てしまうわけです。

隣り合った地区でも大きく違う

この文部科学省が行った調査から、特別区、つまり東京23区は全国で最も教育費をかけている地域となっていることがわかります。ただし、これはあくまでも23区と政令指定都市の平均です。実は同じ23区であっても、区によって教育環境が大きく異なっているのです。

私は都立の高等学校で教員を務めてきましたが、そのキャリアはまず都立上野高等学校からスタートしました。この上野高校は台東区にあるのですが、足立区に在住する生徒が数多く在籍していました。実は、この足立区から通学してくる生徒は、あまり裕福な家庭でない子が多かったのです。要するに、高校には進学させてもらえたものの、その先――大学へ行くために必要な進学費用を用意してもらえない生徒達がたくさんいたのです。

本人がどんなに優秀で、学習意欲にあふれていても、お金がないために大学進学を断念するしかなかった生徒が、本当にたくさんいました。また、塾や予備校に通うことができないため、大学受験に関する情報が不足していたり、十分な準備ができなかったために、思うような結果を出せなかった生徒達も少なくありませんでした。そして悲しいことに、それが足立区の当たり前でもあったのです。

この上野高校に4年間在籍した後、次に赴任したのが都立小石川中等教育学校でした。この学校は公立の中高一貫校であり、文部科学省のスーパーサイエンスハイスクールに指定された学校でもありました。スーパーサイエンスハイスクールとは、「将来の国際的な科学技術関係人材の育成を目的に、先進的な理数教育を実施する高等学校」を、文部科学省が指定する制度です。つまり都立小石川中等教育学校は、都立の中でも屈指のエリート校になるわけです。

この学校に通う生徒は、文京区の世帯年収が１０００万円を超える家庭の子が大半でした。塾や家庭教師など、学校外での学習も十分に受けることができ、次々と難関大学へ進学していくことができました。

文京区では、世帯年収がいいだけでなく、教育にお金をかけるのが当然、いい学校に行かせるのも当然という風潮がありました。中学も地元の公立校にそのまま行かせるのではなく、中学受験をし、それなりの学校に行かせるのが当たり前の地域でした。小石川中等教育学校も、そうやって選ばれた学校の１つでした。

同じ23区内であっても、住んでいる区が違うだけでも、これだけの差があるのです。

例えば、親に同じぐらいの収入があったとしましょう。足立区だったらお金をかけて受験するなら、その辺の公立に進学すればいいという空気があり、子どもにもそういった進路を選ばせてしまうことになります。ところが文京区に住んでいれば、無理してでも受験をしなければという空気になります。そうなると、親はなんとか費用を工面して塾に通わせ、受験をして子どもを私立に入れるのです。

つまり同じ能力、同じ学習意欲があったとしても、住んでいる場所によって進路が大きく変わってしまう可能性があるわけです。本来は、同じ能力、同じ学習意欲があれば、同じ進路を選択できるようにならなくてはなりません。これが教育の機会均等です。しかし、今の日本では住んでいる場所が違うだけでも、与えられる機会が変わってくるのです。

文京区内に居住している方に聞くと、小学校6年生の時点で中学受験をしない人というのは、ほんの少数派だそうです。中学受験をしないと、むしろ「なんでやらないの?」と不思議に思われ、変わり者扱いだそうです。

ところが、東京23区の東側（下町）になると、受験する人のほうが少数派であり、多くは地元の公立中学校に通います。

小学生くらいの年齢だと、まだ「友達がやっているから僕もやりたい」という理屈に左右される要素が大きく、そういう点で周囲の環境がどれだけ大切になるのかが問われているでしょう。

小学校4年生になると、文京区の多くの子ども達は塾に通いはじめます。すると、周囲の友達も塾に行っているから「僕も行きたい」となるのです。

ところが、周囲の友達にそういう子どもがおらず、ゲームばかりに明け暮れている環境にいると「なんで僕だけ塾に通わないといけないの?」となるのです。小学生なのですから、こう考えるのも無理ありません。むしろ当然と言えるでしょう。それくらい小学校の頃というのは友達の影響、周囲の影響が大きいのです。

この仕組みをわかっている保護者の方は、無理をしてでもいい環境に身を置き、子どもの教育を最優先に置いた暮らしをします。ジョン・ワトソンの提唱した環境優位説は、クラーク・ハル、バラス・スキナー、アルバート・バンデューラ、ロバート・シアーズによって理論が発展されましたが、令和の社会でもしっかり見て取れるのです。

第2章　なぜ格差は生まれるのか

1　教育機会の差

収入と学力は比例する

子ども達の教育機会の差はなぜ生まれるのでしょうか――それは1章でも述べたとおり、子ども達を取り巻く環境が大きく関係しています。それは地域の環境だけではありません。世帯の所得の差、親の学歴など、いろいろな要素が複雑に絡み合って生まれてきます。

その中でも特に重要なのが、親の収入と子どもの学力はほぼ比例するということです。親に収入があるということは、子どもの教育にかかる費用があるということです。それは自分の子どもに対して、学校以外で勉強する環境・機会を与える力があることを意味しています。

親に経済力があれば、子どもの学力向上のため、小学校の頃から月何万円もかかる塾に行かせたり、家庭教師を付けることができます。また、子どもの個性に合った、質のいい教育を受けられる国立・私立学校に進学させることもできます。そしてそういう家庭に育った子は、当然のことながら学力はどんどん上がります。

その一方で、収入が少ない――年収が100万円~200万円といった、いわゆる相対的貧困に属する家庭では、日々生活するのが精一杯で、教育費に月何万円も使うことは難しくなります。当然、国立・私立学校に通わす余裕もありません。進学費用がないので、大学などの高等教育も受けさせることが難しくなります。

実際に、そのことを裏づけるデータもあります。内閣府の行った調査によると、子どもの大学進学を考えている世帯は50・1％となっていますが、これを貧困層以下の家庭にしぼってみると、25・9％と半数近くまで少なくなってしまいます。また、子どもの進学を高校までと考えている世帯は、全体では30・5％であるのに対して、貧困層以下の世帯では44・4％と1・5倍近く高くなっています。そして高校進学までと考える主な理由は、「家庭の経済的な状況から考えて」となっているのです。

このように、子ども達の学歴は親の収入によって、大きく変わってきてしまうのです。

2　生活環境の差

しかし、子どもの教育機会の差は収入だけではありません。同じぐらいの収入があっても、置かれている生活環境が違えば、教育の機会も大きく異なってきます。この生活環境の差は「住んでいる地域の差」と「家庭環境の差」の2つに大きく分けることができます。

地域の格差

1章でも少し触れましたが、住んでいる地域によっても、受けられる教育は大きく異なってきます。先ほど紹介した文部科学省の統計では、人口が多い、つまり都市部のほうが子どもにかける教育費も多くなるという結果でした。しかし、人口が多いところに住んでいるからといって、その地区の教育環境が必ずしもいいとは限りません。「空気」が違うといっていいのか、地域によって、教育に対する熱意や関心が大きく異なってくるのです。

例えば同じ東京23区であっても、江戸川などの下町3区と文京区では子どもへの教育の意識に大きな違いがあります。

文京区では、中学受験をするのが当たり前であり、受験をしないと何かあったのかと思われてしまう、そんな空気があります。そのため小学4年生にもなると、ほぼ全員が塾に通って中学受験に備えるようになります。裕福な家庭ではさらに家庭教師をつけて勉強します。当然、月々の教育費も膨大なものになります。

対して江戸川・葛飾・足立の下町3区では、中学受験をする子どもは逆に少数派です。中学受験をする児童は、1クラスに多くても5、6人程度しかいません。しかも、その子達も国立や私立ではなく、学費の安い都立の中高一貫校を目指します。文京区と違って、中学は受験してまで行くところではないというのが、この地域での常識となっているのです。この地域に私立中学がほとんど存在していないというのも、この「常識」を裏づけています。下町3区の子ども達は、文京区の子ども達と違って膨大な教育費をかけて勉強することもなく、小学校を卒業したら当たり前のように公立の中学校へ進学していくのです。

地方の人間からすると、東京23区はひとくくりで都会というイメージがあるでしょう。しかし実際は、同じ23区内でも、このように大きな違いがあるのです。高い学習意欲があっても、住んでいる地域の違いによって受けられる教育も大きく変わってきてしまう——地域差による機会均等の喪失は、貧困による機会均等の喪失と比べてあまり注目されることはありませんでした。だからといって見過ごしていい問題でもありません。この地域格差は、これからの大きな課題の1つと言えるでしょう。

家庭環境の差

もう1つの重要な要因に、「家庭環境の差」があります（図表9）。前項で「親の収入と子どもの学力はほぼ比例する」と言いましたが、この「所得の差」とは違います。大まかにいえば、親の「学歴の差」「就業状況の差」です。たとえ親の所得が同じぐらいであっても、親の学歴や就業状況が違うことで、子ども達の進路に大きな差が出てきてしまうのです。

そしてこの格差は、今、二極化がどんどん進んでいます。学歴を重視する家庭とそうでない家庭の差がどんどん開いているのです。

親が大学を卒業して、正社員として確かな収入がある家庭は学力を重視します。そして、親よりももっといい大学に入れるために、早い段階からしっかりと子どもに勉強させます。極端な例になると、月曜から日曜まで毎日習い事をさせ、毎月25万円以上も子どもの教育費に使っている家庭も

〔図表９　母子家庭と父子家庭の状況〕

		母子世帯	父子世帯
世帯数		119.5万世帯	14.9万世帯
1人親世帯になった理由		離別　79．5% 死別　5．3%	離別　69．7% 死別　21．3%
就業状況		86.3%	88.1%
	就業者のうち　正規雇用	48.8%	69.9%
	うち　自営業	5.0%	14.8%
	うち　非正規雇用	38.8%	4.9%
平均年間収入		272万円	518万円

出典：厚生労働省　令和3年度 全国ひとり親世帯等調査結果報告
ひとり親世帯の2020年の年間収入（2021年11月１日現在）

あります。

一方、親が非正規雇用に甘んじている家庭は、学歴を重視しません。収入が不安定であっても、それでいいものとしてしまいます。そして、こういった家庭は往々にして親中心の生活を送っていて、親の都合で子どもを振り回してしまう傾向もあります。

私は教師時代、自分勝手な親に振り回される子ども達の姿を数多く見てきました。それがどんなにひどいか、その一例を紹介したいと思います。

それは模擬試験の日のことでした。あまりに眠そうにしている生徒がいたので、事情を聞いてみました。その生徒が言うことには、夜中に親がカラオケに連れ出したため、寝不足になってしまったということでした。信じられないことに、自分が行きたくなったからと夜中に子どもをたたき起こし、カラオケに連れて行ったのです。しかも模擬試験の前日に、です。当然、試験結果は悲惨なものでした。

繰り返しますが、これは実際にあったことです。子どもの試験より、自分の楽しみを優先する身勝手な親は、実はとても多いのです。

そもそも模擬試験は年間スケジュールに組み込まれており、最初から日程は決まっています。急に決まったものではありません。普通の親であれば、当然そのスケジュールを把握しているはずです。

しかし、身勝手な親は、子どもの年間スケジュールなど興味がないのです。翌日試験があろうがなかろうが関係ありません。すべて親自身がやりたいように行動するのです。自分中心の身勝手な親に、子ども達は学業そっちのけで振り回されてしまうことになります。

こういう親の元に生まれた子ども達は、当然のことながら、学力を上げることは難しくなります。ちゃんと子どもの面倒を見る、ごく普通の親を持つ子どもと、どんどん学力の差が開いていってしまうのです。

また、子どもが大学受験を目指したとき、親が大学受験を経験しているかどうかでも大きく違ってきます。親が大学受験を経験していれば、当然、大学受験がどのようなものかよくわかっています。そのため、子どもの受験も効率的に進めることができます。それに対して、大学受験を経験していない親は、受験がどんなものか知らないので手探りの状態で進めることになります。ここで大きな差がでてしまうのです。

このように「親の差」が子どもの教育機会の差につながってしまうことが多々あるのです。子どもは親を選べません。「親ガチャ」とは、よくできた言葉なのかもしれません。

しかし、それで終わらせてはなりません。子ども達の「教育の機会均等」を実現するためには、この「親の差」を何とかする必要があります。それには、子ども自身の力も必要ですし、周囲の大人達の力も、そして政治の力も必要なのです。

子ども自身の力で何とかする方法を4章で、地域の力で解決する方法を5章で、そして政治の力でできることを6章でそれぞれ詳しく書いていますので、このことについてはそちらをご覧になってください。その前に、格差が生まれる背景について、もう少し詳しく話していきたいと思います。それは子どもの貧困についての問題です。

3　1人親世帯の増加

1人親世帯の子どもの貧困事

親の収入と子どもの学力はほぼ比例すると何度か述べました。ここで改めて子どもの貧困について考えたいと思います。

1章で、子どもの7人に1人が貧困であると言うことでしたが、これは「18歳未満の子どもがいる世帯」全体での数字でした。これが1人親世帯、いわゆるシングルマザーやシングルファーザーになると、子どもの貧困はもっと深刻になります。
厚生労働省の国民生活基礎調査の概況「2019年調査」によると、1人親世帯の貧困率は48・3%となっています。1人親世帯のほぼ半数が貧困層に分類されるのです。2人親世帯、つまり両親がそろっている家庭の貧困率は11・2%ですので、約4倍となります。1人親世帯は圧倒的に貧困層におちいりやすいのです。

1人親世帯の所得

1人親世帯の貧困について考えるとき、まず浮かび上がってくるのは2人親世帯に比べて所得が少ないということでしょう。

2021年度、厚生労働省「全国ひとり親世帯等調査結果報告」によると、母子家庭の平均年間収入は373万円、父子家庭は606万円となっています。子どものいる世帯全体での平均年間収入は813万5000円ですので、圧倒的に少ないのがわかります。割合でいうと母子家庭では45・0%、父子家庭では74・0%分しか得ていません。とくに母子家庭は、養育費などもこの金額に含まれているにもかかわらず、2人親世帯の約2分の1弱です。

そして、父子家庭も年々増えてはいますが、1人親世帯の9割近くは圧倒的に収入が少ない母子家庭なのです。この厚労省の調査によると、1人親世帯のうち母子家庭が占める割合は約89%でした（図表10）。

〔図表10　母子家庭と父子家庭の割合〕

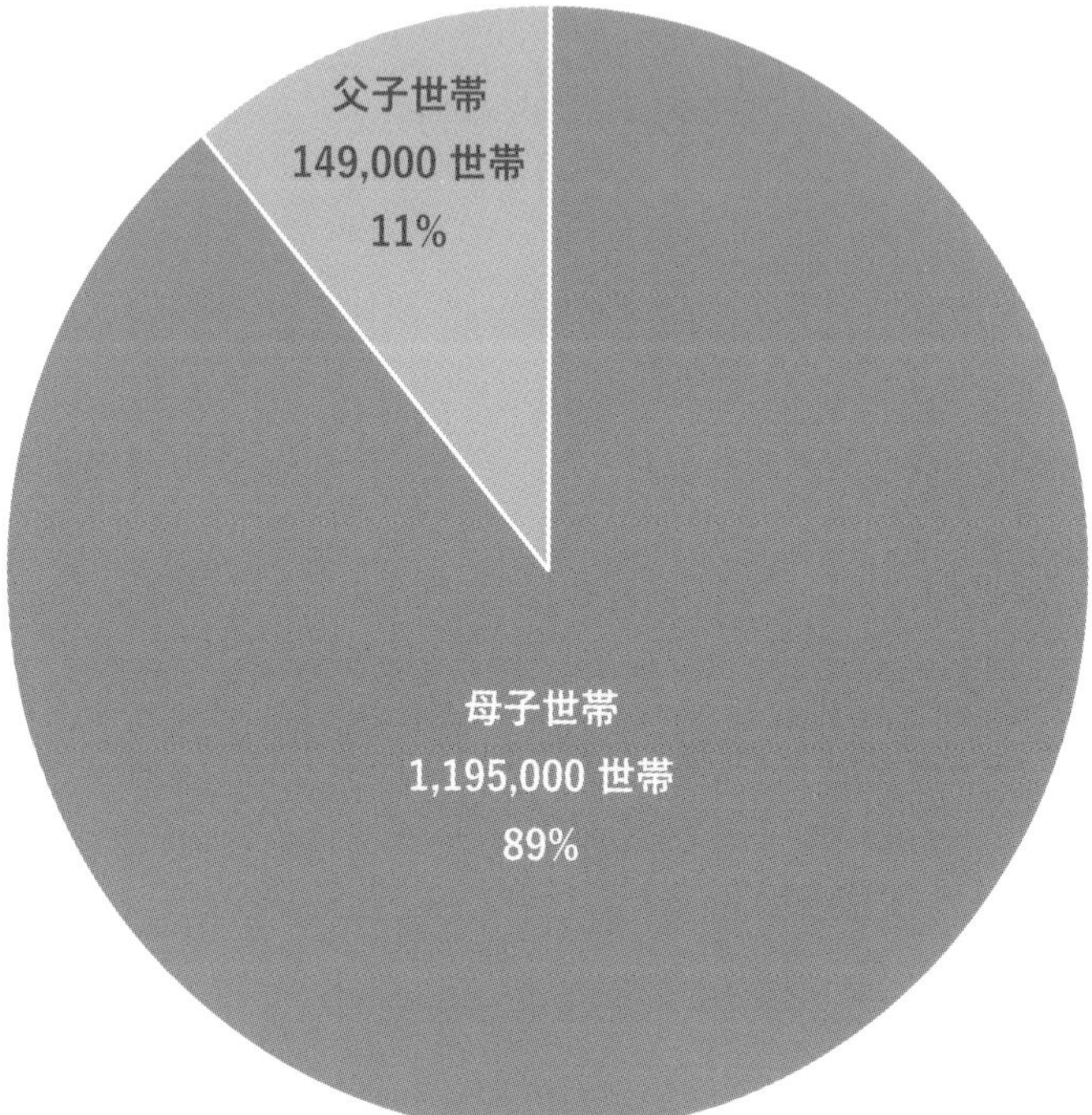

出典：厚生労働省　令和3年度 全国ひとり親世帯等調査結果報　ひとり親世帯になった理由別の世帯呼応製割合（2021年11月１日現在）

母子家庭が多くなる主な理由は、離婚によって1人親世帯になるケースが多いからでしょう。離婚を理由に1人親世帯になったのは、全体の約79・5％です。そして離婚した場合、母親が子どもを引き取るケースが多いため、結果として母子家庭が増えてしまうのです。

ではどうして母子家庭では圧倒的に収入が少ないのでしょうか。

その1番の原因は、子育ての負担が母親に集中しているからです。そしてそれは、核家族化が進行していることと無関係ではありません。核家族化が進行することによって、子育ての負担を分散することができなくなっているのです。

子育てに費やす時間を確保するためには、時間の融通が利くパートなど非正規で働くほうが都合がよくなります。しかし、収入はフルタイムで働くよりもずっと少なくなってしまいます。

養育という言葉があるように、子どもは「養って」「育てる」存在です。養って育てるためには、経済的なことはもちろん、肉体的、精神的にも大きな負担がかかります。両親がそろっていても、かなり大変なことです。3世代同居などであれば、祖父母などの親族が子育てを助けてくれますが、核家族化で1人親世帯となると、ほぼ1人で子どもを育てていかなくてはなりません。

フルタイム勤務はかなりハードルが高くなるので、非正規で低収入の職を選ばざるを得なくなります。

また、看護士などそれなりに収入を得られる資格があればいいのですが、職歴もなく資格もないまま離婚して母子家庭になってしまうと、どうしたって高収入の職に就くのも難しくなります。

祖父母などの同居者がいれば、母親の負担も減るのですが、実は父子家庭に比べて母子家庭のほうが、1人で子どもの面倒を見ている割合が高くなるのです。

2021年の調査では、子ども以外の同居者がいる母子家庭世帯は35・2%で、そのうち親と同居している世帯は24・2%でした。対して父子家庭は、子ども以外の同居者がいる世帯は46・2%、親と同居している世帯は34・3%となっています。父子家庭では半数近くが同居者の力を借りられるようになっている一方で、母子家庭では3分の1の世帯にとどまっているのです。このようにデータから見ても、母子家庭の多くが、1人で子どもの面倒をみているということがわかります。

母子家庭に非正規雇用が多いということは、データにもはっきりと現れています。厚生労働省の調査では、母子家庭で母親が仕事に就いている割合は86・3%で、そのうち非正規雇用は38・8%となっています。働いている母親の約4割が非正規雇用なのです。ちなみに父子家庭の非正規雇用率は4・9%しかありません。

このように、母子家庭では身内の支援が受けにくいため、働き方に制限がかかり、結果として所得が少なくなるという負の連鎖におちいっているのです。もちろん、母子家庭よりも恵まれているように見える父子家庭でも、同じように負の連鎖におちいっている世帯も存在しています。中には、母子家庭よりも表立たない分、より深刻なケースもあるでしょう。だからこそ、子どもの貧困を考えるとき、母子家庭に限らず「1人親世帯」全体の問題として考えていく必要もあると考えています。

ところで、1人親世帯の貧困率は48・3％と大変高いことは何度も指摘していますが、貧困線をかろうじて越えている世帯のことも考えていかなくてはなりません。2019年「国民生活基礎調査の結果の訂正」では、新基準の貧困線は等価可処分所得金額（手取り収入を世帯人数の平方根で割った金額）は124万円となっていますが、等価可処分所得金額の分布で見てみると、貧困線金額の124万円を含んだ120〜140万円の層が12・8％となっています。

ちなみにこれは、貧困線以下となる100〜120万円の13・9％に次いで多い数値です。つまり、ぎりぎりで貧困線以下を免れた準貧困とも呼べる層もかなりの数いるということになります。この貧困線をかろうじて越えた層にいる子ども達も、相対的貧困にいる子ども達と同じように考えて、支援していく必要があるのです。

増加する1人親世帯

1人親世帯の抱える大きな問題は貧困、もしく貧困ギリギリという大変苦しい立場におちいりやすいことです。しかしこの1人親世帯には、もう1つ大きな問題があります。

それは、少子化にともなって子どものいる世帯が年々減少していく中で、1人親世帯は逆にその数を増やしているということです。1998年と2019年の統計結果からその数を比べてみましょう。

18歳未満の子どものいる世帯数は、1998年では1345万3000世帯ありました。それが

2019年になると、1122万1000世帯まで減少してしまいます。16%も減少していることになります。また、全世帯のうち子どものいる世帯の割合も、30・2%から21・7%と大きく減少しています。

ところが、1人親世帯にしぼってみてみると、逆の現象が起こっています。1998年の統計では60万世帯だったのが、2019年になると72万4000世帯とおよそ17%もその数を増やしています。全世帯に占める割合でも、4・5%から6・5%に増えています（図表11）。

少子化が進み、子どものいる世帯が減っていく中で、1人親世帯は逆にその数が増えていっているわけです。年々1人親世帯が増えていっているということは、貧困もしくは準貧困ともいえる子ども達も増えていっているということになるわけです。教育を満足に受けられない子ども達が増えていくということは、将来、日本の国力低下にもつながるという、大変危機的な状況なのです。

4　貧困対策の遅れ

子どもの貧困が増えているということは、教育の機会を奪われている子どもが増えているということです。つまり、手厚い教育を受けられる子とそうでない子の、教育の機会の二極化もがどんどん進んでいくということを意味しています。それを防ぐには、個々の力では限界があります。どうしたって政治の力が必要になってくるのです。しかし、現実はどうでしょうか。

〔図表11　ひとり親世帯の増加率〕

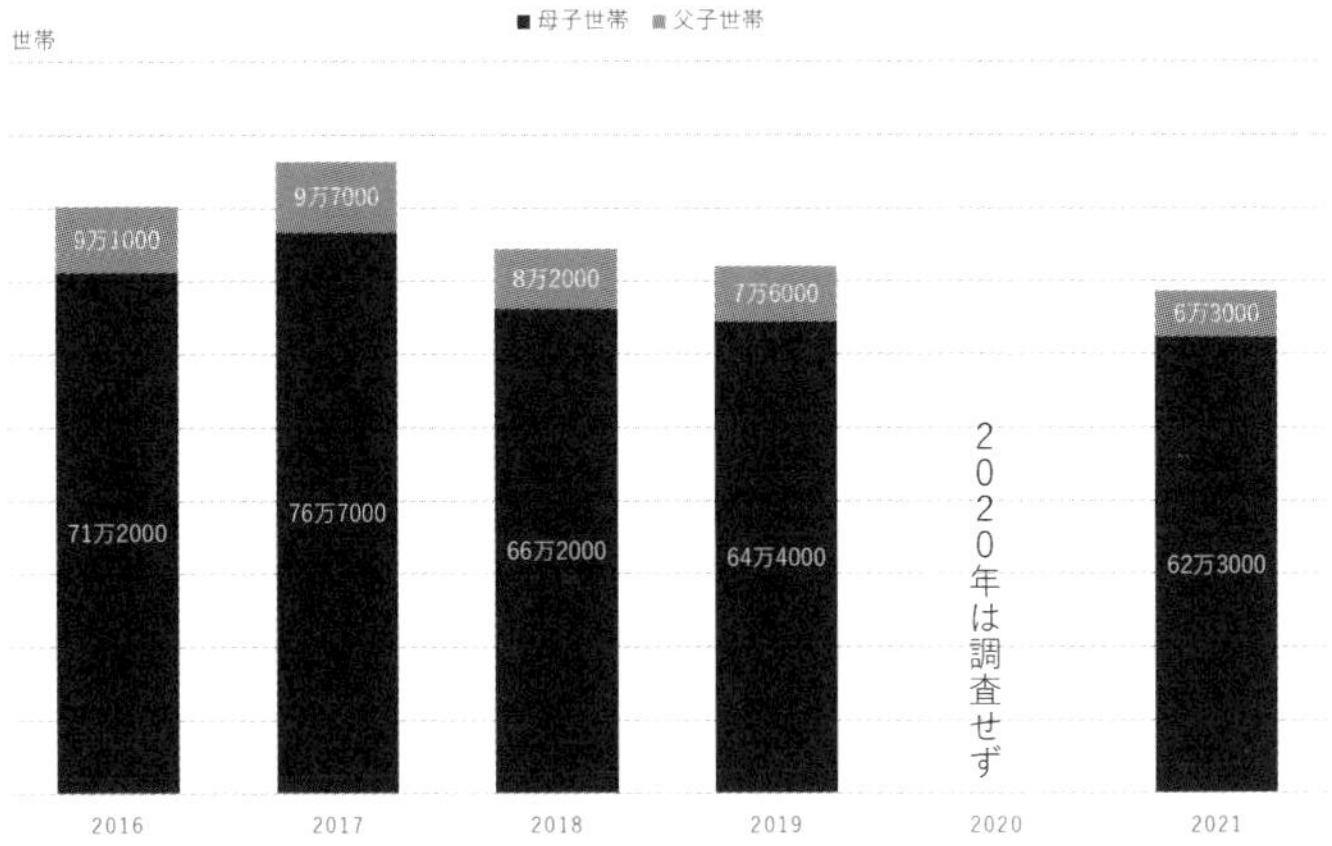

出典：厚生労働省　2021年国民生活基礎調査の概況

子どもを貧困から救うために、「子どもの貧困対策の推進に関する法律」というものがあるのですが、十分な対策がなされていないのが現状です。

政府による「子どもの貧困対策」

「子どもの貧困対策の推進に関する法律」とは、「子どもの将来がその生まれ育った環境によって左右されることのないよう、貧困の状況にある子どもが健やかに育成される環境を整備するとともに、教育の機会均等を図る」ことを目的につくられたものです。成立は１９９４年で、施行は１９９５年1月からです。そして２０１９年６月に改正され、「子どもの『将来』だけでなく『現在』の生活等に向けても子どもの貧困対策を総合的に推進する」ことなど、目的・基本理念を充実させ、教育の機会均等を図る趣旨が明確化されました。また２０１９年11月には、この法律を踏まえて「子どもの貧困対策に関する大綱」が閣議決定されました。

この大綱では、

・現在から将来にわたって、すべての子ども達が前向きな気持ちで夢や希望を持つことのできる社会の構築を目指す。

・子育てや貧困を家庭のみの責任とするのではなく、地域や社会全体で課題を解決するという意識を強く持ち、子どものことを第一に考えた適切な支援を包括的かつ早期に講じる。

という2つの目的・理念を掲げています。

大綱の基本的な方針としては、「親の妊娠・出産期から子どもの社会的自立までの切れ目ない支援」、「支援が届いていない、または届きにくい子ども・家庭への配慮」、「地方公共団体による取組の充実」などがあります。

そして子どもの貧困を改善するために、「生活保護世帯に属する子どもの高等学校等進学率」、「スクールソーシャルワーカーによる対応実績のある学校の割合」、「スクールカウンセラーの配置率」、「就学援助制度に関する周知状況」、「子どもの貧困率」など、39の指標が設定されました。この指標を改善するために「教育の支援」「生活の安定に資するための支援」「保護者に対する職業生活の安定と向上に資するための就労の支援」「経済的支援」「子どもの貧困に関する調査研究等」「施策の推進体制等」の6つの事項を設けて、それぞれ重点的に行うべき施策を設定しています。

具体的には、主に子どもの就学・就学支援や生活困窮者の自立支援、生活支援などを行っていますが、自治体によって受けられる内容が違っています。

絵に描いた餅になっていないか

「子どもの貧困対策の推進に関する法律」にうたわれている理念は大変素晴らしいものです。これが実現すれば、子ども達の教育の機会均等も達成できます。この格差社会も大きく変わることができるはずです。

だがしかし、現実はそう甘くはありません。教育の二極分化は進む一方です。恵まれた教育を受けることができる子とそうでない子の差はどんどん開いていくばかりです。この法律はちゃんと機能しているのでしょうか。結果を出せているのでしょうか。

2022年9月に内閣府主催で行われた「子供の貧困対策に関する有識者会議」の資料「令和3年 子供の生活状況調査の分析報告書」で、貧困家庭・低所得家庭の子どもについて次のように報告しています。

・世帯収入の水準や親の婚姻状況によって、子どもの学習・生活・心理など様々な面が影響を受けていた。

・「等価世帯収入が中央値の2分の1未満」でもっとも収入が低い水準の世帯や、ひとり親世帯が、親子ともに多くの困難に直面している。ただし、「等価世帯収入が中央値の2分の1以上だが中央値未満」の、いわば収入が中低位の水準の世帯でも、多様な課題が生じていた。

・収入の水準が低い世帯やひとり親世帯では、新型コロナウイルス感染症の影響を受け、生活状況がさらに厳しくなっている可能性がある。

この報告にある「等価世帯収入が中央値の2分の1未満」とは、本書では貧困層と呼んでいる貧困線以下にいる「相対的貧困家庭」のことです。また「等価世帯収入が中央値の2分の1以上だが中央値未満」とは、準貧困層ともいえる「ギリギリで貧困線を下回っていない家庭」を指します。この準貧困層もさまざまな問題に直面していることがわかります。

この報告書では国や自治体が行っている支援制度の利用状況についても調査しています。それによると、〝支援制度の利用状況について、収入の水準がもっとも低い世帯でも、「就学援助」や「児童扶養手当」の利用割合は5割前後であり、「生活保護」、「生活困窮者の自立支援相談窓口」、「母子家庭等就業・自立支援センター」の利用割合は1割未満と低い〟という結果がでています。

そしてなぜ支援制度を利用していないのか、その理由についても調査しています。それによると、「就学援助」、「生活困窮者の自立支援相談窓口」、「母子家庭等就業・自立支援センター」の利用率が低い理由として〝「利用したいが、今までこの支援制度を知らなかったから」と「利用したいが、手続がわからなかったり、利用しにくいから」を合わせた回答が約1割となっている〟と報告しています。

つまり、支援制度があるにはあるが「知られていない」、もしくは「知っているが敷居が高くて利用しづらい」というのが現状なのです。

支援があっても受けることができないということは、貧困改善どころかますます貧困が進んでしまいかねません。どんなに素晴らしい理念を掲げていても、改善につながらなかったら意味がありません。

ことわざに「絵に描いた餅」というのがあります。広辞苑によると、「計画だけは立派だが実行がともなわないこと」という意味ですが、このままではこの支援策も「絵に描いた餅」で終わってしまわないでしょうか。

この「令和3年 子供の生活状況調査の分析報告書」では、「収入の水準が低い世帯やひとり親世帯では、新型コロナウイルス感染症の影響を受け、生活状況がさらに厳しくなっている可能性がある」と懸念していますが、コロナ禍に加えて円安などによる物価高も進んでおり、より一層状況は深刻になっています。このままでは、さらに貧困層が増加していくことは間違いありません。

次世代をになう子ども達を貧困から救うためには、政府はもっと効率的でわかりやすい支援を行う必要があります。支援を必要としているすべての世帯に、必要な支援をちゃんと行きわたらせなくてはなりません。今のように、対象者が1割未満しか受けていないといった支援策では意味がないのです。

今ここで何とかしていかないと、貧困や教育の格差は次世代へ受け継がれていってしまいます。私は「子ども達は将来の宝だ」と思っています。だからこそ、子ども達は社会で守っていく必要があるのです。そのためには理想だけを掲げた施策ではだめなのです。しっかりと結果を出す施策が必要なのです。

政府がやるべきこと、やらなくてはならないことについては、5章で改めて述べていきます。まずその前に、貧困と格差が連鎖していく現実についてお話していかなくてはなりません。現実はとても深刻な状況にあるのです。

それは政府だけがやることではありません。日本政府が筆頭となって取り組むことは当然だと思いますが、都道府県レベルの自治体、そして市区町村レベルの自治体においても同様の責任が問われているように思います。

また、単にお金をばらまくだけの政策は、長続きしないでしょう。構造的に子ども達を社会で守る仕組みをそれぞれのレベルで真剣になって考えていく必要があるのです。

それは、お金をばらまいても、必ずしも子どものために使われていないという現実があるからです。せっかく給付されたお金で遊んでしまう親もいるでしょうし、そもそも生活が苦しく、スマホダイヤ水道光熱費に消えてしまうケースもあるでしょう。ですから、必ず子ども達の利益に直結するような仕組みをつくらなければいけないのです。

また、いつも世帯の所得制限が付いていますが、毎度これでは一所懸命に頑張って働いている人々が馬鹿を見ます。社会全体で子どもを支えていくためには、所得制限を撤廃し、どんな家庭に生まれても恩恵を享受できる社会づくりが必要です。

第3章　貧困・格差の再生産

1　貧困は受け継がれてしまう

貧困層にこそ教育の力を

子どもを貧困から救い出すことができるもの、それは教育です。しっかりとした教育を受けることで、就業の機会を広げることができます。子ども達は、貧困から抜け出して生活する機会を得ることができるのです。

しかし、その教育が必要な貧困層ほど、教育の機会が奪われているのも事実です。これはつまり、いったん貧困におちいってしまうと、次の世代も貧困から抜け出せなくなることを意味しています。貧困は次の世代、そのまた次の世代へと、再生産されているのです。

1章でお話ししたとおり、国民の生活が苦しくなってきたのは1998年頃です。そこからすでにもう四半世紀ほど経ちました。最初の頃に貧困層におちいった家庭は、すでに二世代・三世代目に入ってきていることになります。

恐ろしいことに、貧困層におちいった親達は「この生活が我が家の当たり前」だと思っていて、そこから抜け出すための機会を子ども達から奪っていることに気づいていません。子どもに教育を与えることで、貧困から抜け出せることがわかっていないのです。こうして貧困が貧困を生み、親から子へと貧困を受け継いでいるのです。

学歴と収入がある家庭では、教育の力をよくわかっています。いい学校に進学させ、収入のいい職に就くことができる力を、子どもに与えることができます。貧困家庭とは真逆の、いい環境を受け継いでいくことになります。その結果、貧困家庭と裕福な家庭の差が、どんどん開いていってしまうわけです。

シングルマザーからの悪循環

また、貧困層では低学歴になりやすいだけではありません。性知識の欠如に加え、どういった職についていてどうやって生計を立てていくかなど、将来についても深く考えていないため、10代で安易に妊娠・出産をしてしまう傾向があるのです。早い段階での妊娠・出産は、進学の機会を失うことにつながるだけでなく、シングルマザーとなる可能性も高くなります。シングルマザーの貧困率が高いのは、2章でもお話ししたとおりですが、学歴もない1人親では、貧困におちいる確率もより高くなります。

そして10代で親になるということは、子育ての責任や能力が未熟であるということでもあります。2章で例に出した、自分中心で身勝手な親はここに当てはまります。身勝手でも子どもと一緒にいる分、ましなのかもしれません。中には子育てを放棄してしまう親もいます。子どもを施設に預けてそのままにしてしまうのです。

施設で育った子どもは、そのほとんどが高校までしか行くことができません。また高校在学中もバイトに明け暮れることになるため、センスや力量があってもそれを磨くことができません。その子がどんなにいい素質を持っていても、活用する機会がないために、貧困の中に埋もれていってしまうのです。

子ども達は、将来の日本を、この社会をになっていく大切な存在です。教育の機会均等を失い、貧困が延々と再生産する現状は、日本という国を維持していく上で大きな損失となっているのです。私達は、このことに気づかなければなりません。

まずは、この貧困が「再生産」しているという現実を知り、そこから子ども達を救い出すすべを考える必要があります。

2　食生活の崩壊

親の学力の差が、食生活にも反映される

「食育」という言葉があるくらい、成長期にある子ども達にとって食事はとても重要なものです。この食生活も、親の学歴や収入によって大きな格差があります。貧困家庭の子ども達は、食生活も危機的状況にあるのです。

親にきちんとした学歴がある家庭は、子どもの食生活もおろそかにしません。そういった家庭では、家庭科や母親学級・両親学級などで習ったことを活かして、栄養バランスが取れた食事を用意

することができます。一方、学歴のない貧困家庭では栄養バランスなどまったく考えない食事を、子どもに与えています。

子ども達に持たせる弁当にも、その違いがはっきりと現れています。

貧困家庭の子ども達の弁当は、ただただ冷凍食品を詰め合わせただけでつくられています。色も茶色しかないような弁当です。学歴のある家庭では、たとえ同じ冷凍食品を使ったとしても、ブロッコリーやミニトマトなどの野菜を添えます。赤や黄、緑など彩りがある弁当になります。野菜がちゃんと入り、栄養バランスをしっかりと考えてつくっているのです。これが貧困家庭と大きく違っているところです。

しかし実は、冷凍食品だけの詰め合わせであっても、弁当を用意してもらえる分だけまだましなのです。子どもに200～300円を持たせ、それでパンを買わせて終わりというのも珍しくありません。子ども達も子ども達で、貰った金で買うパンもメロンパンなどの菓子パンばかりです。野菜がないのでビタミン・ミネラル類を摂ることができませんし、成長期の子どもにとって必要不可欠なタンパク質も不足しています。

貧困層に甘んじている家庭は身勝手な親が多いと何度も言っていますが、そういう親達は子どもの食生活まで気を遣うことがありません。栄養バランスが何かもわかっていませんし、食事は空腹を満たせればそれでいいぐらいにしか考えていません。そして中にはそれすら満足にできない親もいます。

親にちゃんと食べさせてもらえない子ども達は、学力にも差が出てきます。いい加減な食事しか与えられない子ども達は、成績も上がらないのです。

食事を3食摂れない子ども達

貧困家庭の子ども達は、お弁当があるだけましと言ったのには理由があります。朝起きて弁当をつくってくれるだけ、まだ親としてまともだからです。

貧困家庭の子ども達は、朝食を食べていないことが多いのです。それは、貧乏で十分な食費がないから、朝食も用意できないからとは限りません。子どもが学校に行く時間になっても寝ている親が多いからです。子どものために起きて、朝食を用意するということがないのです。そのため、子ども達は朝食を食べないまま登校することになります。

朝食を食べる食べないでは、午前中の集中力が全然違います。

しっかりと朝食を食べた子どもは、朝から活発に動くことができます。反対に食べていない子は1時間目から活力がありません。その上、お昼近くになってくるとそわそわし出して集中力もなくなります。午前中の授業がまったく頭に入らない状態になってしまうわけです。

余談ですが、私は高校で教師をしていた頃、授業の合間である休み時間に生徒が「お菓子を食べる」ことを黙認していました。栄養的には難がありますが、そうすることで食べないでいるよりも生徒が授業に集中することができるのがわかっているからです。

この朝食抜きは、そのまま模擬試験の結果にも影響します。模擬試験は午前中に開始されるからです。集中力がないまま受けた試験です。当然、いい結果が出るわけがありません。対して、親がちゃんと朝起きて、ちゃんと朝食を用意してくれる子は、朝イチから集中できるので結果もよくなります。ここでも差がついてしまうわけです。

そして朝食を親に食べさせてもらえない子ども達は、夕食も悲惨です。

例えばマクドナルドなど、ファストフードで簡単に済ませてしまう家も少なくありません。ちゃんとつくるということがないのです。そういった家庭で、生活保護を受給しているとします。支給日にお金が入るとどんな食事になると思いますか。彼らは子どもを連れて「豪勢に」居酒屋へ行くのです。親がタバコを吸い酒を飲む横で、子ども達は軟骨や唐揚げといった酒の肴を嬉しそうに食べます。こういう光景を、毎月繰り返しています。

子どもを居酒屋に連れて行くこと自体、私には信じられません。しかし、身勝手な親はそれが悪いことだとは全く思っていません。そして子ども達も、普段より豪華な食事になるので喜んで親についていきます。しかし、タバコや酒などに長時間囲まれる居酒屋は、どう考えても子どもにとっていい環境ではありません。その上、夜更かしすることになるので、翌日の授業にも影響が出てしまいます。まともな親だったら絶対に連れて行きません。しかし貧困家庭の親達は平気で子どもを連れて行くのです。

成長期の子どもにとって、食事は脳と体を鍛えるために必要なものです。本来であれば、親として食生活に気を配らなくてはいけないものです。貧困家庭の親が子どもに与える、このような食生活では、子どもの体を滅茶苦茶にしてしまいます。頭のよし悪しは別として、体さえ元気であれば、この先何とかなります。心と体が健康であれば、ちゃんと働いて生きていけます。それなのに、親の意識の差で、子どもの体を壊してしまうのです。

かたよった栄養は体型や行動にも現れてきます。貧困家庭の子ども達は、バランスの悪い体つきをしているのです。また、落ち着きのない子もたくさんいます。なぜ貧困家庭の子どもに落ち着きのない子どもが多いのかは、よくわかりませんが、私にはそれがかたよった食事が影響しているように思えてなりません。

給食が命綱

家でまともな食事をさせてもらえない子ども達にとって、給食はバランスの取れた食事ができる貴重な機会です。貧困家庭にとって、給食が果たす役割は実に大きいものです。子ども達の健やかな成長のために、給食は必要不可欠な存在です。

貧困家庭の多い反面、福祉政策が充実している足立区では、給食の内容が日本一いいと言われています。給食にハーゲンダッツといった高級アイスクリームが出ることすらあります。充実した給食は、学校にちゃんと通うといういいきっかけにもなりますし、何よりバランスの取れたものを食べることができます。親がどんなにいい加減でも、給食があれば必要な栄養をそこで摂ることができるのです。

教育現場での大きな問題の1つに給食費の未納がありますが、貧困家庭の子どもを守るためにも給食は無償にする必要があるのではないでしょうか。また、小学生と違って給食がない中高生のことも考えていかなくてはなりません。育ち盛りであるにもかかわらず、ちゃんとした食事を摂ることができない中高生を救うためにも、今後、給食制度を改革し、その対象を広げていく必要があると考えています。

3　子どもを「食い物にする」親もいる

子どもの将来を潰す親

貧困家庭の親は身勝手です。最悪な場合、その身勝手さから子どもの進路を平気で潰す親も存在しています。

これは、私が教師をしていたときの話です。ある生徒が学校推薦で大学に進学することになりました。推薦入学は、合格が決まった時点で入学金などの校納金を用意しなくてはなりません。その生徒の家庭はあまり裕福ではなかったので、私はその親に、費用について何度も確認をしました。親は大丈夫、払えますと断言したので、その生徒の推薦入試を行うことにしました。

しかし、いざ大学に合格すると、生徒の親は「校納金を払う金がない」と言いだしたのです。

指定校推薦で入学金が払えない、進学できないというのはあってはならないことです。そもそも推薦というのは、大学と高校との信頼関係で成り立っている面が大きいのです。「この高校がうちの大学に相応しいとこの生徒を推薦するのであれば、高校を信用して入学を許可しましょう」と、大学側が考えてくれるからです。それなのに自分勝手な都合で入学をやめるというのは、その大学と高校との信頼関係を壊すことにもつながりかねません。それはつまり、自分の子どもの将来を潰すだけでなく、次年度以降、その大学を希望する後輩の進路をも潰す可能性もあるということなのです。

これはほんの一例にすぎませんが、このように子どもの将来を平気で潰す親は少なくないのです。そもそも、そういった親達は子どもの将来に興味がないからです。こういった親達の中で最悪とも呼べるのが、子どもを性的に消費・搾取する親です。

子どもを売る親

「性的に消費・搾取する」とはつまり、子どもを売るということです。要するに、子どもに売春をさせ、親がその上前をはねるということです。これは20世紀の話でもなく、昭和の話でも、映画やドラマ、漫画などフィクションの世界の話でもありません。21世紀に入った令和の、今現在の日本で起こっている話です。

売春が法的に禁止されたのは１９５６年に売春防止法が成立してからですが、それまでは貧しい家庭の娘が、金のために遊郭（売春宿）に売られるというのはよくある話でした。吉原や花魁など、時代劇などの物語にもよく登場するので、「物語の中」なら、皆さんにも馴染みがあることでしょう。

しかし、違法行為となって半世紀以上たった今でも、「手っ取り早く稼げる」からと、子どもに売春させる親が一定数存在しています。こういった親達は、子どもを「道具」「金づる」としてしか見ていません。当然のことながら、子どもに学歴をつけさせる必要はないと考え、子どもを消耗品のごとく扱うのです。これは完全に児童虐待です。こういった子ども達は親から引き離して保護する必要があります。ただ、施設に入った子ども達が教育の機会に恵まれないということは、1項でお話ししたとおりです。

4　親の背中を見て子どもは育つ

同じ轍（てつ）を踏むな

子どもは親を選べません。貧困家庭にいる子ども達に、救いの手を差し伸べない限り、貧困と格差は永遠に再生産を続けてしまいます。「親の背中を見て子どもは育つ」という言葉がありますが、悪い見本そのままに、親と同じような貧困を繰り返してはなりません。貧困の再生産、格差の拡大を防ぐためには、親を反面教師としなければならないのです。

貧困から抜け出し、親とは違った、その子自身の人生をつくり上げていくこと。そのために必要なのが、ほかでもない教育の力です。

私は教師時代、生徒達に「学校は利用するもの」と教えていました。塾や家庭教師に使うお金がなければ、学校を、教師を上手く利用すればいいのです。

例えば、授業内容でわからないところがあれば、授業が終わったあとにでも教師に聞けばいいのです。授業内容を質問されて答えない教師はまずいません。もし、参考書などの本を買うお金がなければ、図書室の本を見ればいいのです。図書室はそこで勉強もできるので、受験を目指す生徒にとって大変便利な場所です。

このように、学校を上手く利用すれば、お金をかけなくても勉強することはできるのです。どうすれば貧困から抜け出せるか、学歴を得るにはどうしたらいいのか、まず、自分自身で考えるのです。そして戦略を練り、それを実行すればいいだけです。

「親ガチャ」といった言葉には、「親が悪ければ人生も悪い。もうどうすることもできない」という意味が込められています。しかし、自分自身の意識を改革できれば、この貧困の悪循環から抜け出せます。そのために、学校を利用するのです。

どんなにひどい親から生まれようとも、子ども自身に非はありません。だからこそ、志があれば望んだ教育を受けることができる、そんな社会にしていく必要があります。親から強制も妨害もされることなく、自らが望んだ進路に進むためには、もちろん本人の努力も必要です。それとともに、社会全体で子ども達を支えていくことも重要なことです。

私の経験で申し訳ないのですが、高校時代にどれだけ一所懸命に勉強しようとも、両親に勉強の妨害をされ、本当に悔しい思いをしました。同級生には家庭教師がつき、予備校に行かせてもらえる中、私は孤独な学習をひたすら続けるしかありませんでした。

そんな環境で勉強できる子どもなんて特別な人だと思います。多くの子どもは心が折れ、やる気を失い、せっかくのポテンシャルを無駄にしてしまうのです。そんなことになったら社会の損失になるのです。

先ほどから勉強、勉強と散々話していますが、私がいう勉強というのは、決して学校の勉強だけではありません。英語、数学、国語、理科、社会などの教科の勉強も大切ではありますが、何よりも「人よりも秀でたもの」を身につける必要があります。

例えば、私の知人の息子さんに大工さんがいます。父である知人から見ると、学校の勉強はからっきしでダメだったけれど、何が理由かはわからないのですが、大工にはとても興味を持ち、日曜大工を喜んでやるようになったそうです。

そこで本物の大工さんを紹介すると、色々と教えを請いながら、みるみる上達していったそうです。

つまり、人はどんな分野で生きようとも、その道の勉強をしないで生きていくことはできません。他人よりも圧倒的に秀でたものをつくり、そこを売りにしていくことが何より大切なのだと思います。ホワイトカラーの仕事に就いて年収１０００万円を目指すのはもう古く、今の時代は自分の特性を認識し活かしていくことが大切になるのです。

確かに、私が大学生になった頃（１９９０年代後半）までは、画一的な価値観が社会を支配していました。偏差値の高い大学へ行き、有名な企業に就職すれば、一人前に家庭を持ち、家族を養うことができる、と多くの人々が考えていました。

しかし、今は違います。多様性の社会となり、様々な価値観が存在し、終身雇用や年功序列型賃金の会社も少なくなり、決して偏差値の高い大学を出たからといって安泰な人生が送れる時代ではなくなってしまったのです。

つまり、社会構造が変化した中で、私達は、その変化に順応した生き方をすべきなのでしょうが、多くの大人たちは（教師を含めて）未だに古い価値観に引きずられているのです。

今を生きる子ども達が、今の社会で成功するためには、現状の社会をよく知り、賢く生きなければなりません。しかしながら、その手ほどきをすべき大人たちが、未だ古い価値観に支配され、社会の変化に付いていけていないことが不幸なのです。

子ども自身がどうすればいいのかを4章で、社会はどうしたらいいのかを5章で詳しくお話しします。何もしなければ、貧困も教育の格差もどんどん再生産されていってしまいます。しかし、考えを変えていくことでそこから抜け出すことはできるのです。

第4章　格差を乗り越えろ～子ども達へのメッセージ～

この章は、貧困によって教育を受ける機会を失っている子ども達へのメッセージでもあります。自分の不幸な状況は変えられないとあきらめてはいけません。自分自身の力で将来を切り開くことはできます。そのために必要なことを、ここでお話しします。

1　無理な進学は貧困を生む

奨学金という名の借金

私が進路指導をしていた当時、まず始めるのは生徒への指導ではなく「親の啓蒙」でした。両親が大学に行っていないと、大学の費用がいくらかかるかを知らないからです。実際、高校と同じぐらいの金額だと思っている親がたくさんいました。高校は数十万といったところですが、例えば国立大学の文系だと卒業までに200万から300万円は必要になります。当然、私立や理系だともっと費用がかかります。大学の学費を甘く考えていると、奨学金という悪魔の手段を使うはめになってしまいます。

「奨学金」は借金です。当然、月々返済していかなくてはならないお金です。奨学金を借りると借りないとでは、卒業後の人生が大きく変わってしまいます。それほどまでに恐ろしいものなのです。そしてあまり知られてはいませんが、この奨学金という借金を背負うことで、貧困の連鎖が発生してしまうのです。

貧困の連鎖

奨学金の実態は、学生名義で借りる借金です。つまり、若くして借金の履歴が残るわけです。履歴が残るというのは、どういうことを意味しているかわかりますか。具体的な例を挙げますと、住宅ローンが借りられなくなります。ローン審査が通らないのです。奨学金という借金をしてしまったために、マイホームを持つことが難しくなってしまうのです。

学費をすべて奨学金でまかなおうとすると、国公立の文系の場合、４年間で３００万円近くも借りることになります。新車が買えるぐらいの金額です。理系や私立だともっと借りる必要があります。この数百万もの借金を、新卒の給料——平均すると月15万円ぐらいの中から、毎月返済していくことになります。知らない方も多いと思いますが、奨学金返済の取り立てはとても厳しいのです。そのため、今月は苦しいからと滞納することはできません。

どんなに苦しくても、毎月返済していくことになるため、金銭的にギリギリの状態が続くことになります。当然、貯金をする余裕などありません。１人暮らしをする余裕もないので、実家から出ることもできません。

そして、多額の奨学金を借りなくてはいけないような家庭は、親も頼りになりません。「パラサイトシングル」とか「独身貴族」という言葉がありますが、上げ膳据え膳、自分で稼いだ金は自分の好きなように使えるわけではありません。親も自分も金銭的余裕のない、ギリギリの生活を送るしかありません。大卒という学歴を得ても、貧困からは抜け出せないのです。

そして貯金ができないということは、結婚できないということでもあります。もし、奨学金の返済をする必要がなければ、月々の返済分を貯金にすることができますよね。つまり、20代でも200万から300万円の貯金が可能になるわけです。そして借金の履歴もないので、ローンの審査も通りやすくなります。住宅ローンを借りられれば、若くしてマイホームを持てるようになります。


貯金もあり、持ち家も可能であれば、結婚へのハードルも低くなります。

しかし、奨学金の返済を続けていく限り、結婚をする金銭的余裕はありません。また、あとで詳しく話しますが、学歴だけを目当てに大学へ進学すると、高収入の職に就くこともできません。場合によっては非正規でしか就職できなくなります。非正規雇用の場合、将来の見通しも立てにくくなるので、結婚も遠のきます。結婚も一人暮らしもできず、貧困の中で奨学金という名の借金を返済するだけの日々になりかねないのです。

「給付型」という名の狭き門

本来なら、奨学金とは借金ではなく、進学したいという志のあるものに無償で与えられるべきものです。実際に、給付型の奨学金というのも存在はしています。しかし、大変条件が厳しいもので、希望者全員が受けられる制度になってはいません。

例えば、給付型の奨学金には、大学独自で行っているものや、篤志家がつくった基金のようなものがありますが、これらの倍率は100倍以上です。また、私立大独自で行っている制度の中には、受けるにはそれなりのコネが必要な場合もあります。その場合、受ける方もそれなりの家柄になるわけで、本当に奨学金が必要な貧困家庭の子どもは受けることができません。

多くの利用者がある日本学生支援機構でも、給付型の奨学金制度があります。これも受けるにはかなり条件が厳しくなっています。まず、給付型の奨学金を受けるには、次の2つの条件を満たす必要があります。

①世帯収入や資産の要件を満たしていること

②学ぶ意欲がある学生であること

この基準であれば、貧困家庭であれば給付される可能性は高くなります。しかしギリギリでも収入基準を上回ってしまうと受けられなくなってしまいます。つまり、大学に行く費用を稼ぐために、高校時代にバイトを頑張ってしまった結果、世帯収入が増えて上回ってしまえば、給付型が受けられなくなってしまうのです。

収入以上に厳しいのが②の条件です。これには明確な基準があって、それを満たさないと給付が打ち切られたり場合によっては返還を求められることがあります。打ち切られる基準は次のようになります。

・修業年限で卒業できないことが確定した場合

・修得単位数が標準の5割以下の場合

・出席率が5割以下など学修意欲が著しく低いと大学などが判断した場合

また、連続して警告を受けた場合にも給付が打ち切られます。警告を受ける基準は次のとおりです。

・修得単位数が標準の6割以下の場合

・GPA（平均成績）などが下位4分の1の場合（次のア、イに該当する場合を除く）

ア　確認大学などにおける学修の成果を評価するにふさわしく、かつ職業に密接に関連する資格などを十分に取得できる水準にあると見込まれる場合

イ　社会的養護を必要とする者で、確認大学などにおける学修に対する意欲や態度が優れていると認められている場合

・出席率が8割以下など学修意欲が低いと大学などが判断した場合

さらに、次の3点に該当する場合は、返還を求められます。

・学業成績が著しく不良な場合(例：出席率が1割以下　など）（災害・傷病などのやむを得ない事由がある場合は除く）

・大学などから退学・停学（無期限又は3か月以上の者に限る）の処分を受けた場合

・虚偽の申請など不正の手段により支援を受けた場合

この基準だと、給付型で足りない分をバイトで補う↓学業がおろそかになる↓給付を打ち切られるという悪循環が発生する可能性もあります。給付金額が学業に専念できる十分な金額があればい

いのですが、最高でも月額6万6700円、4年間で約320万円ですから、理系や私立大に進学した場合は当然ながら足りません。全く親に頼らないで大学に行こうとする者にとって、受けるのが難しい制度だといえるでしょう。

2　大学は「学歴」のために行くものではない

行く意味があるのかどうか

貧困から抜け出すには教育の力が必要です。しかし、それは必ずしも大学に行くことを意味してはいません。ここを勘違いしてはなりません。貧困から抜け出すためには大卒という肩書きが必要だと信じ、名も知れぬその辺の大学に入った場合は、さらなる貧困の再生産が起こる可能性があります。

就職難といわれる昨今、大学に入ったからといって、必ずしもいい会社に就職できるわけではありません。それなりの企業に就職できるのは、いわゆる「日東駒専」といった準難関私立大学がギリギリのラインといえるでしょう。Fランと呼ばれるような、知名度もない大学ではまともな就職が難しくなります。企業がそういった大学を卒業した学生を選んでくれないのです。場合によっては、大卒であっても非正規雇用でしか就職できない可能性があります。

非正規雇用になってしまうと、手取り15万円すら難しくなります。その低い収入から奨学金を返済していかなくてはならないうえ、非正規のままでは収入が上がる見込みもありません。貧困から抜け出そうにも、どっぷりと浸かった状態になってしまうわけです。そんな状態になってしまうのであれば、奨学金という借金をしてまで行く意味はあるのでしょうか。

何のための学歴か

大学は、〝とりあえず学歴を積む〟ために行くところではありません。就業の機会を得るためであり、生きる力を得るために行くところです。そのためには、「何のために自分は進学するのか？自分は将来、何になりたいのか」ということを、みずからの頭でしっかりと考える必要があります。大卒だから高卒よりも収入がある、高卒よりもいい企業に就職できると単純に考えてはいけないのです。

「借金をしてまで無理に大学に行く必要はない」

これは私の持論の1つです。教育の重要さを説いている中で、一見すると矛盾した主張に感じるかもしれません。しかし、私自身、母子家庭で育ち、奨学金で大学に進学しているからこそ断言できることです。奨学金という名の借金を使ってまで大学に行ってしまうと、その先の人生が苦難に満ちたものになってしまいます。それは絶対に避けるべきなのです。

実は、奨学金に頼らず、親にも頼らず、自分自身の力で大学に進学することができます。奨学金頼りの進学をしなくても大学に行けるのです。貧困の再生産を避けつつ、大学進学ができる方法があるのです。

3　遠回りしても「学歴」は手に入る

高卒公務員が一番の狙い目

そもそも奨学金がないと進学できないシステム自体がおかしいといえるでしょう。本来なら、貧富の差なく、誰しも費用の心配なく安心して学べる環境を、政治の力でつくるべきなのだと私は考えています。しかし、現実がそうでない以上、「奨学金を借りなくても学歴を得られる」方法を採る必要があります。

奨学金を借りなくても、学歴を得られる方法、それは、公務員になることです。これは私が進路指導を担当していた当時、貧困家庭の子ども達にすすめていた方法でもあります。どうして公務員になるのがいいのか、それにはいくつかの理由があります。

1つ目は大卒に比べて、高卒だと公務員に採用されやすいということです。

大卒で公務員になる場合、かなりの競争率をくぐり抜ける必要があります。しかし、高卒の場合はそうではありません。優秀な人材は大学へ進学するため、競争相手が減るからです。そのため、大学で公務員試験を受けるよりも高卒で受けるほうが有利になるのです。

高卒でなれる公務員は、いろいろな種類があります。市役所など行政に関わる仕事のほか、警察や消防、自衛隊など、国を支える重要な仕事に就くこともできます。私が教師だったとき、進路の選択肢の1つとして自衛隊を生徒にすすめていましたが、ほかの教師から否定的な目で見られることもありました。視野の狭い、左翼的な教師が多かったからです。私自身は自衛隊を否定しません。日本を守る重要な職務だと考えています。だからこそ、生徒達にも進路の1つとして自衛隊をすすめていました。

高卒公務員をすすめる2つめの理由は、高卒でも大卒でも生涯年収に大きな差はないということです。大卒のほうが初任給がいいのは確かです。しかし、高卒で公務員になった場合、同じ年齢だと4年間キャリアを積んでいることになります。この4年の差をバカにできません。このキャリアを積んだ4年間があるため、同じぐらいの生涯年収を得ることができます。

3つめは信用度が高いということです。信用度が高いということは、ローン審査が通りやすくなることになります。奨学金を借りた場合、借金として履歴が残り、住宅ローンが借りられなくなることはすでに言いました。しかし公務員になれば、逆に借りやすくなるのです。

一番重要なのが、この4つ目です。公務員は働きながら学校に通いやすいのです。公務員の職種によっては、残業の制限など就学を支援する制度を設けているところもあります。残業やノルマの厳しい一般企業に比べ、公務員は大学に通いやすい職場環境が整えられているのです。

そして何より公務員は時間の融通が付きやすい点が挙げられます。残業できないときは、はっきりと上司に言えば、無理な要求をされることはないのです。

働きながら大学へ行くことのメリット

働きながら大学へ行く一番のメリットは、奨学金という借金を背負わなくてもいいことです。収入を確保しつつ学業を修められるのは大きなポイントです。その上、大学を卒業した時点で給与の基準も高卒から大卒に変わるため、収入アップも見込めます。先ほど、高卒でも生涯年収になると大卒とほぼ変わらないといいましたが、働きながら大学卒業資格を得たほうが、大卒から公務員になった者よりも生涯年収が多くなることになるわけです。

利点は給与だけではありません。学生と社会人とでは受けられる保障が違います。とくに中小零細企業と違って公務員の福利厚生はしっかりしています。健康保険や年金など、社会人としての福利厚生も受けながら大学に通えるのです。

学業と仕事の両立は大変のように思えるでしょう。しかし、奨学金が足りなくてバイトに明け暮れるよりも、公務員として収入や保障を確保しつつ学業を続けるほうがずっとメリットがあるのではないでしょうか。「大学へ行きたいが資金がない→奨学金を借りる」という負の連鎖より、「大学へ行きたいが資金がない→公務員として働いて学費を稼ぎながら大学へ通う」ほうが、ずっと健全だと思いませんか。

22歳の時点で就職した子と比べると、キャリアとして4年の差がつき、私の知人の子は4年で400万円も貯金したそうです。その差たるや大きなものだと言えるでしょう。

4　自分自身にとって1番いい進路を

進路指導を鵜呑みにするな

公務員として働きながら大学へ行く方法は、進路指導であまり聞かない話でしょう。進路指導とは、そのほとんどが受験に向けてのスケジュールの説明や、成績に見合った大学選び、奨学金の申し込み方法などで終わってしまうはずです。特に奨学金は借金を背負うことになるので、私はよくよく考えるように指導していました。

ここまで突っ込んだ指導をする教師は、ごく少数派で間違いありません。しかしそれは致し方ないことです。何故なら教師は、教職以外の社会経験が少ないからです。中には一般常識が欠如している教師も少なからずいます。

そういった教師が進路指導を行っているわけです。当然、ごく一般的な内容を、何のひねりもなく説明するだけで終わります。

だからこそ、進路を決めるときは進路指導の話を鵜呑みにせず、もっと先のことを考えて決めてほしいと思います。「奨学金を得てまで4年制大学に行く必要があるのか」、「もっと別の進路を取ったほうがいいのか」ということを自分自身でよく考えてほしいのです。取るべき道は1つではありません。遠回りしても学歴を手に入れることができるのです。

資格・目的に見合った進路を

先の人生を考えたとき、とにかく大学進学すればいいというわけではありません。名も知られていない、いわゆるFランの大学に行くのであれば、専門学校に進学してしっかりとした資格を取得するほうが、収入のいい就職ができるはずです。

しかし在学中に同じ資格を取得した場合、専門学校卒より大卒のほうが就職に有利になるのもまた事実です。

つまり一口にFランと片づけてはいけないわけです。その学校で、資格・職業に直結する専門的なことを学べるかどうかでも、その先の人生が大きく変わってくるのです。

何度も「自分自身の頭で考えろ」と言っていますが、しっかりと考えて進学先を選んでほしいからです。

しかも今は、専門学校、大学・短大に加えて第3の選択肢ができています。専門職大学・短大という新しい学校制度ができたからです（図表12）。

専門職大学・短大は大学と同じように卒業すれば学士（短大の場合は短期大学士）の称号を得ることができますが、学ぶ内容は大きく異なります。

大学は学問の研究の場であるのに対し、専門職大学は将来その業種をリードする人材の育成を目的としているからです。

そのため、専門職大学・短大では実習やインターンシップに重きを置いています。

〔図表12　大学、専門職大学、専門学校の違い〕

	大学／短期大学	専門職大学／専門職短期大学	専門学校
期間	大学：4～6年 短期大学：2～3年	専門職大学：4年 専門職短期大学：2～3年	2～4年
内容	学術.研究重視	実践力重視	職業教育／資格取得

大学というより専門学校に近い感じがしますが、専門学校が資格取得など即戦力となるべき人材を育成する学校であることに対し、専門職大学は業種のプロフェッショナルを育成する学校となっています。

この専門職大学・短大は２０１９年４月からスタートした新しい形の学校です。

そのため、本書を書いている２０２２年時点では、専門職短大を卒業した者が社会人となり始めたばかりのため、専門職大学を卒業して社会人となったものはまだいません。そのため、この専門職大学を卒業した場合の評価は判断が難しいのですが、インターンシップに重きを置くカリキュラムで、企業との連携を強くしていることから、大学や専門学校よりも就職に有利となる可能性があります。

高校卒業後の進路を考えたとき、学びたいことがあるのであれば公務員として働きながら大学へいくというのが一番です。

また、なりたい職業がありそのために資格が必要であるなら、専門学校や専門職大学に進学して必要な技能や理論を学ぶというのも１つの方法です。

大学を出たらそれで安泰というわけではありません。

何より大事なことは、自分にあった進路を選ぶということなのです。

第5章　子どもは社会で守っていく～地域社会との連携の必要性～

子ども達を取り巻く教育環境

子どもは将来の宝です。その子ども達を取り巻く教育環境は、年々厳しいものになってきています。そもそも教育とは、その内容で子ども達の将来を左右してしまう非常に重要なものです。その教育を与える学校が、教師が、今、限界に来ています。

学校を危機から救うためには地域の力が必要不可欠です。子ども達を守り育てるには、家庭と学校だけでは無理なのです。地域社会の力が加わることで、子ども達の教育環境をよりよくすることができます。

この章のテーマは、地域社会が教育の現場に参加することについてですが、その前にまず、教育現場はどのような危機的状況になっているのかについてお話ししていきたいと思います。そこから、なぜ子ども達を守り育てるには地域の力が必要なのかがよくわかるかと思います。

1　国立・私立を選ぶ親達

公立校への不信感

何度も繰り返していますが、今、教育の機会均等は大きく崩れています。いい教育を受けられる者とそうでない者の二極化がどんどん進んできています。

よい教育を受けられる者、つまり裕福な家庭の子ども達は、早くから塾に行ったり家庭教師をつけてもらえます。そしてしっかり準備をしてから中学受験をし、国立・私立中学や中高一貫校へと進学していきます。例えば文京区のように富裕層が集まる地区では、「中学受験が当たり前、やらない家庭はおかしいと思われてしまう」という風潮になっています。裕福な家庭にとって、よっぽどのことがない限り公立中学に行くというのは有り得ないのです。

どうして、裕福な家庭では子どもを国立や私立へ行かせるのでしょうか。

おそらくほとんどの家庭では、「よい教育を受けられるから」と答えるはずです。この答えの背後には、公立への根強い不信感があります。「公立では中途半端な教育しか受けられない」、「子どもに悪影響を与えるような荒れた生徒がたくさんいる」など、公立は安心して子どもを学ばせる環境にないと考えているのです。

そして、その考えの根底にあるのは、教師への不信感です。先生が信用できないから、公立に子どもを預けることを躊躇してしまうのです。

公立の教師が信用できないというのは、実際に公立高校の教師として教壇に立っていた私自身にとって、耳の痛い話です。と同時に、どうしてそう感じてしまうのか、その理由も痛いほどよくわかるのです。

教師への不信

「公立の先生が信用できない」から「子どもを国立・私立に行かせる」としたら、どうして公立の先生は信用できないのでしょうか。それにはいくつかの理由があります。

まず上げられるのは、教師のやる気のなさです。公立の先生には、教育に対する熱意を感じられないのです。一方、国立・私立の先生には熱意があります。国立・私立の先生はやる気に満ちているのです。どうせ預けるのであれば、熱心に子どもと向き合い、指導してくれる先生の方がいいに決まっています。

ただ、公立でも優れた教師はいます。私が在籍していた小石川中等教育学校は、公立校でもトップクラスの教師が集まっていましたし、自分自身もその一員であったことを誇りに思っていました。しかし、都立小石川中等教育学校は、「スーパーサイエンスハイスクール」という、公立校の中でもエリート校に位置づけられる上、中学受験をしないと入れない学校でした。「教育費をかけなくても、その地域に住んでいれば国籍問わず誰でも入学できる」公立とは、少し意味合いが違う学校であるのも事実です。

そして公立では、教師の異動は避けて通れません。どんなにいい教師でも、数年で別の学校へ異動となります。「この先生に師事したい」と思って入学しても、卒業までその学校にいるとは限りません。「あの先生がいなくなったら、途端に学校が荒れた」ということも、「この先生が来てから急によくなった」というのも、公立学校ではよくある話です。

親達にとって、公立の教師とは、「やる気がない」か「やる気があっても、いついなくなるのかわからない」という、不安を感じる存在なのです。そういった教師しかいないのが公立なのです。

ですから、熱意もあるし、異動もない、親達にとって信用できる教師がそろっている私立を選ぶのも、当然の結果といえるでしょう。

異動は致し方ないこととはいえ、公立の教師のやる気になさには理由があります。それは、教育現場、教師が危機的状況にあるからです。

2　教育現場の危機

ブラック企業よりも黒い

公立校の教師は「教職員試験」を経て採用された公務員です。公務員といえば、リストラの心配もないし、福利厚生もしっかりしています。零細企業や非正規雇用として働くよりも、ずっと恵まれた環境で働くイメージがあるでしょう。実際、公立の教師にやる気のない理由の1つが、彼らが公務員であるからというのも間違いありません。

しかし、理由はそれだけではありません。実は公立の教師の9割5分はやる気を失っています。ここまで多くの教師がやる気を失うには、「公務員だから」という理由では足りません。教師がやる気を失う大きな理由は、学校がブラック企業以上に真っ黒な職場だからです。

労働基準局によると、ブラック企業とは「労働者を長時間労働させる企業やパワーハラスメントなどで労働者を精神的に追い込む企業」となっています。ところが、教師が置かれている労働環境はそれ以上に過酷です。しかも、ここまで過酷な勤務を強いられるのは日本の教師だけです。他の国では、教師達はゆとりをもって働いています。一方、日本の教師には「ゆとり」の「ゆ」の字すらありません。それが最もよくわかるのが労働時間です。

世界一長い労働時間

教師は毎日、信じられないぐらい長時間の労働をしています（図表13）。日本教職員組合の調査によると、２０２１年度の教員の平均労働時間は10時間39分でした。法定労働時間は8時間ですから、それを毎日2時間半以上も上回っていることになります。そして、時間外労働をする教師は96・6％に及びます。つまり、ほぼ全員が残業しているということです。その上12時間以上勤務する者が2割もいました。特に部活動の顧問となってしまうと、ほぼ全員が12時間以上勤務することになります。

残業だけではありません。半数以上が自宅に仕事を持ち帰り、家でも仕事をしています。それに加えて、多くの教師が休日も当たり前のように出勤しています。休日出勤をする教師の割合は、高校で65・０％、中学ではなんと84・９％にも及びます。また、休日出勤するしないに関わらず、休みの日に自宅で仕事をしている教師もいます。その割合は65・９％、実に3分の2の教師が休みの日でも何らかの形で働いていることになります。

自宅での仕事も含めて1週間の労働時間を算出すると、平均62時間56分となります。法定労働時

〔図表13　教員の労働時間〕

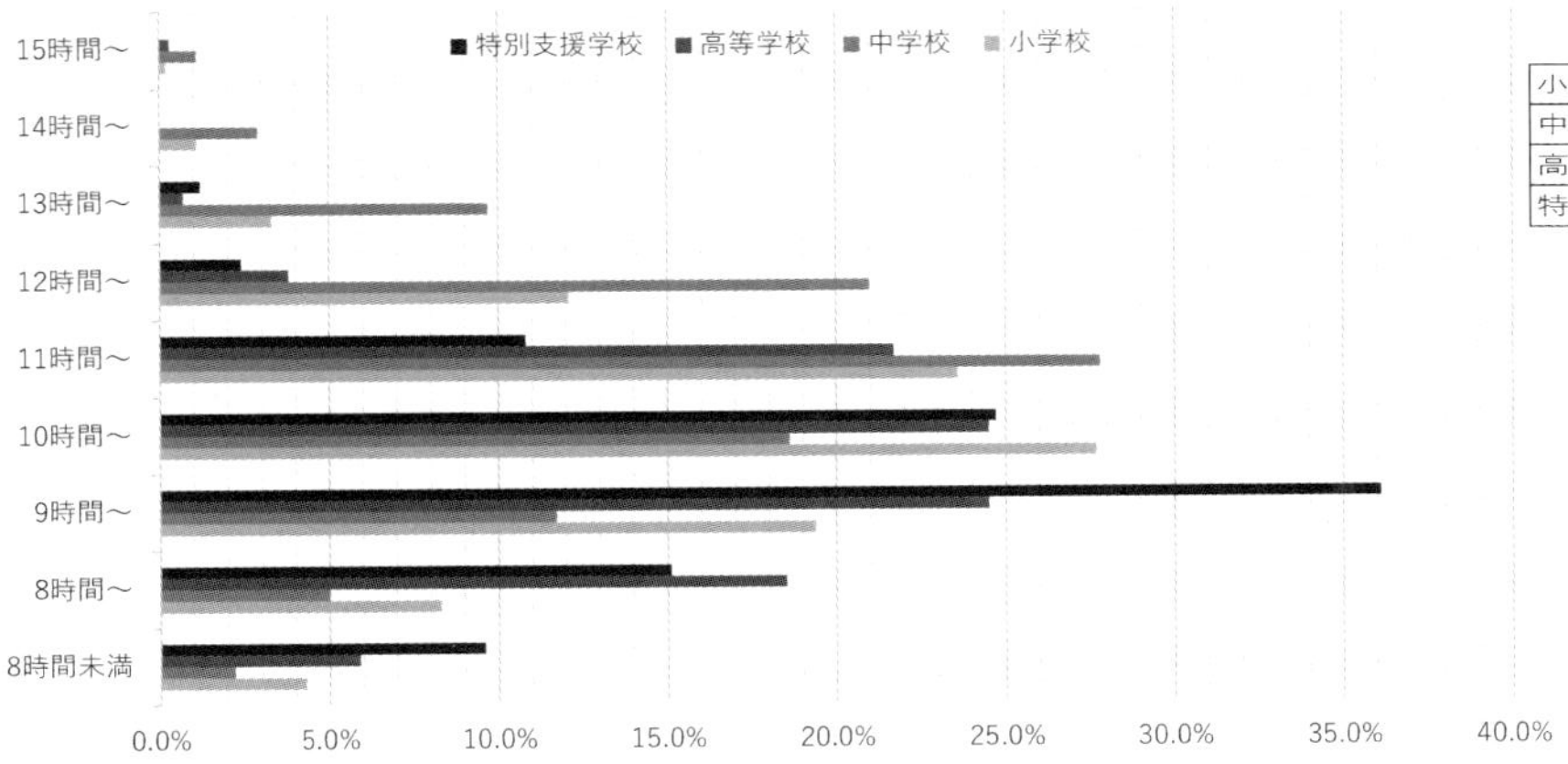

平均労働時間

小学校	10時間32分
中学校	11時間14分
高等学校	9時間58分
特別支援学校	9時間38分

出典：日本教職員組合　2021年学校現場の働き方改革に関する意識調査
国立教育政策研究所　TALIS2018報告書 vol.2-専門職としての教員と校長－のポイント　各国の中学校教員労働時間比較

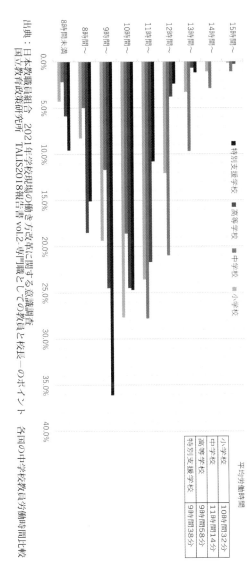

間は40時間ですから、実にその1・5倍以上も働いている計算です。この労働時間、諸外国と比較してみても異常に長いのです。

ＯＥＣＤ国際教員指導環境調査（ＴＡＬＩＳ）２０１８年度の報告書によると、加盟国48カ国中、中学教師の平均労働時間が最も長かったのは他でもないこの日本でした。1週間の労働時間は、48カ国の平均が38・3時間だったのに対し、最長の日本はなんと56・6時間もありました。その差は実に18時間以上、1日当たり4～5時間多く働いている計算になります。しかもこの労働時間には、自宅への持ち帰り仕事分が含まれていません。日本の教師の労働時間が、いかに異常に多いのかよくわかると思います。

しかし、問題は長時間労働だけではありません。これほどまでの長時間労働にもかかわらず、教師には残業代などの時間外手当が出ないのです。法律でそう決められているからです。

どんなブラック企業であっても、そこで働く労働者は労働基準法という法律に守られています。もし、企業が残業代を払っていないことが明らかになったら、行政処分の対象になりますし、未払いの残業代は労働者に支払わなくてはなりません。しかし、公立の学校は企業ではないため、労働基準法が適用されません。どんなに働いても、残業代などの時間外手当が支払われることがないのです。

給特法の闇

これほどまで長時間働いても教師に残業代が支払われないのは、「給特法」という法律があるからです。

「給特法」（公立の義務教育諸学校等の教育職員の給与等に関する特別措置法）とは、簡単にいえば給与の４％分をみなし残業代として上乗せし、それ以上はどんなに働いても残業代は支払いませんという法律です。ちなみに、この４％は月８時間分に該当します。教師は時間外労働を何十時間したとしても、毎月たったの８時間分しかもらえないのです。

一般企業にもみなし残業代を採用している会社がありますが、あまりにも残業が多い場合は、超過した分を支払わないと違法になります。しかし教員は「給特法」という法律によって、どんなに超過しても残業代は一切支払われません。つまり毎月何十時間もサービス残業をしているようなものだといえます。

はっきりいって、連日の超過勤務で教師達は疲れ切っています。やることが多すぎて、身も心もすり減らしている状態なのです。「やる気」を感じられないとしたら、一番の理由はこの過酷な労働環境にあると言っていいでしょう。

優秀な教師が減っていく

この過酷な勤務状況から、多くの教師がうつ病などの精神疾患を発症しています。厚生労働省の調べによると、２０２０年度、精神疾患を理由に休職した教職員は５１８０人、在職者の０・56％に当たります。この値は毎年ほぼ横ばいで、例年５０００人以上、全体の０・55％前後の教職員が精神疾患を理由に休職しています。

そして現在、この休職数はコロナ禍を経てさらに増えることが懸念されます。ベネッセ教育総合研究所が２０２０年に行った調査によると、コロナ禍の中で「例年よりも忙しく疲れている」と感じた小中学校の教師は全体の約7割にも及びました。コロナ禍によって、これまで以上に教師達が神経を消耗しているのです。

教師の危機は精神疾患だけではありません。ベテランが一気に数を減らし、優秀な人材が集まりにくくなっているのです。ベテランの数が一気に減った理由は、１９７０年代、ベビーブームの時に大量採用された教員が退職時期を迎えたためです。そこで新たに人材を採用しなくてはならないのですが、教師を志望する若者が少なくなっているため、優秀な人材が集まりにくくなっているのです。

教師志望の若者が減ってきていることは、採用試験の倍率を見るとよくわかります。２０２２年度の公立学校教員採用選考試験の倍率は平均3・7倍で、過去最低を記録しています。そしてそのうち18自治体の倍率は、2倍を切っていました。倍率が低い、つまり希望者が少ないということは、それだけ優秀な人材が集まりにくくなっていることでもあります。

ベテランの教師が姿を消し、若い優秀な人材が入らなくなってきている中で、現役の教師は精神疾患での休職が相次いでいるというのが、今の公立学校の現実なのです（図表14）。優秀な先生が子ども達の前からどんどん姿を消しているとも言えます。

〔図表14　精神疾患で休職する教員数の推移〕

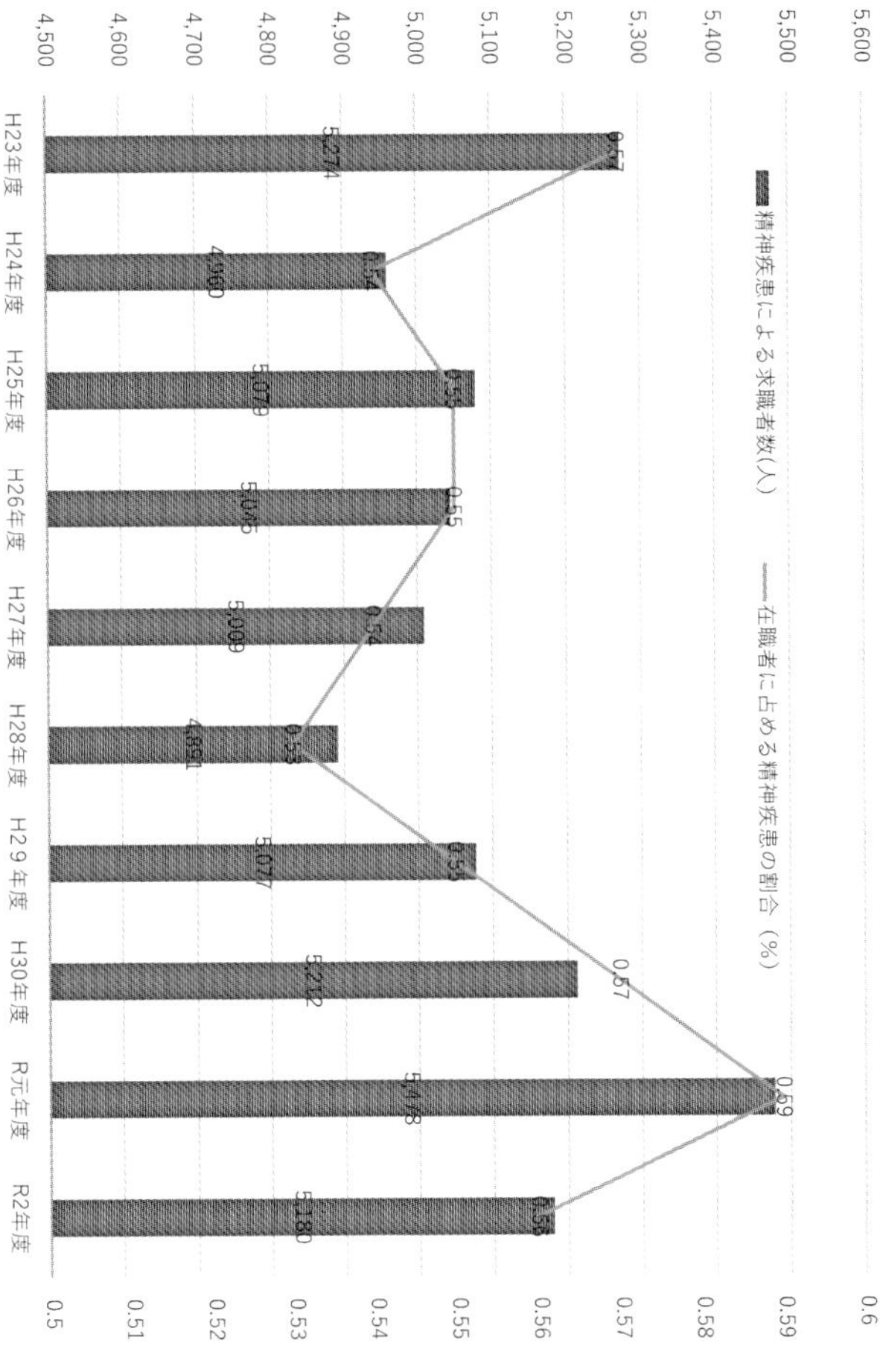

出典：文部科学省2020年度　公立学校教職員の人事行政状況調査について

裕福な家庭であれば、優秀な教師をそろえた国立・私立学校へ行かせることができます。しかし、貧困家庭ではそれができません。費用のかからない公立へ行くしか選択肢がありません。つまり、この教師の危機は、そのまま子ども達の教育の危機につながっているといえます。

3　なぜ教師は多忙なのか

勤務が長時間になる理由

日本の教師は世界で最も勤務時間が長いといいましたが、理由は簡単です。単純に仕事量が多いからです（図表15）。教師は、ただ時間割で決められた授業だけをやっていればいいわけではありません。毎日毎日、補習や課外授業などの特別指導を行い、部活動の面倒も見ます。その合間に、たくさんの書類仕事もやらなくてはなりません。その上、教員自身も勉強することが多く、いろいろな研修を受ける必要があります。

中でも一番時間を取られるのが、部活動の顧問です。2項で、顧問になると勤務時間が12時間を越えるという話をしましたが、大変なのは平日だけではありません。土日も練習があるため、当然、休日も出勤することになります。特に運動部の顧問になりますと、休日出勤する割合は9割を超えています。つまり部活動の顧問になってしまうと、長時間勤務の上、ほぼ年中無休で働くことになるわけです。長時間に及ぶ過酷な練習を強いる「ブラック部活」が問題になっていますが、教師に

〔図表15　小中学校の勤務時間〕

	中学校		小学校
	日本	参加48か国平均	日本
仕事時間の合計	56.0時間	38.3時間	54.4時間
指導（授業）	18.0時間	20.3時間	23.0時間
学校内外で個人で行う授業の計画や準備	8.5時間	6.8時間	8.6時間
学校内での同僚との共同作業や話し合い	3.6時間	2.8時間	4.1時間
児童生徒の課題の採点や添削	4.4時間	4.5時間	4.9時間
児童生徒に対する教育相談	2.3時間	2.4時間	1.3時間
学校運営業務への参画	2.9時間	1.6時間	3.2時間
一般的な事務業務※	5.6時間	2.7時間	5.2時間
職能開発活動	0.6時間	2.0時間	0.7時間
保護者との連絡や連携	1.2時間	1.6時間	1.2時間
課外活動の指導	7.5時間	1.9時間	0.6時間
その他の業務	2.8時間	2.1時間	2.0時間

※教員として行う連絡事項、書類作成、その他の実務業務を含む。
※この表は直近の「通常の一週間」において、図表左段項目の仕事に従事したと教員が報告した時間数の平均。「通常の一週間」とは、休暇や休日、病気休業などによって勤務時間が短くならなかった一週間とする。週末や夜間など就業時間外に行った仕事を含む。
※「指導（授業）時間」と各項目の仕事に従事した時間数の合計は、「仕事時間の合計」と一致しない場合がある。
出典：国立教育政策研究所　TALIS2018報告書─学び続ける教員と校長─の要約より著者図表作成

とっても部活はブラックなのです。

保護者や地域社会への対応も教師が長時間勤務になる理由の1つです。例えば学校評議員という制度があります。これは「学校・家庭・地域が連携協力しながら子どもの健やかな成長をになっていくため」、校長が地域社会から評議員を選定する制度です。そしてこの評議員に対して、学校側は校内の様子や児童生徒の活動を説明する責任があります。そのため学期に1回は評議員を校内に呼んで、いろいろなことを説明しなくてはなりません。このための資料づくりや説明などで、軽く半日以上費やされます。

保護者への対応もかなりの労力を使います（図表16）。特にモンスターペアレントと呼ばれるようなクレーマー気質の保護者に当たってしまうと、その対応にかなりの時間が必要となります。しかもこのクレーマー気質の保護者は、年々増加傾向にあります。

ベネッセ教育研究所が行った調査によると、約8割の教師が「学校へクレームをいう保護者が増えた」と感じていることが判明しました。また、「自分の子どものことしか考えない保護者」と「子どもに無関心な保護者」が増える一方で、「教師の指導を信頼している保護者」が減っていると感じていることもわかりました。裕福な家庭は公立の教師を信頼できず、国立や私立を選ぶといいましたが、教師側も保護者に「信頼されていない」ということを感じ取っているのです。

しかし、「教師が信頼されていない」一方で、学校への期待は膨れ上がる一方です。家庭での教育力が低下し、その分を学校が補うことを求められているからです。学校への期待は、校外のトラ

〔図表16　保護者の様子の変化〕

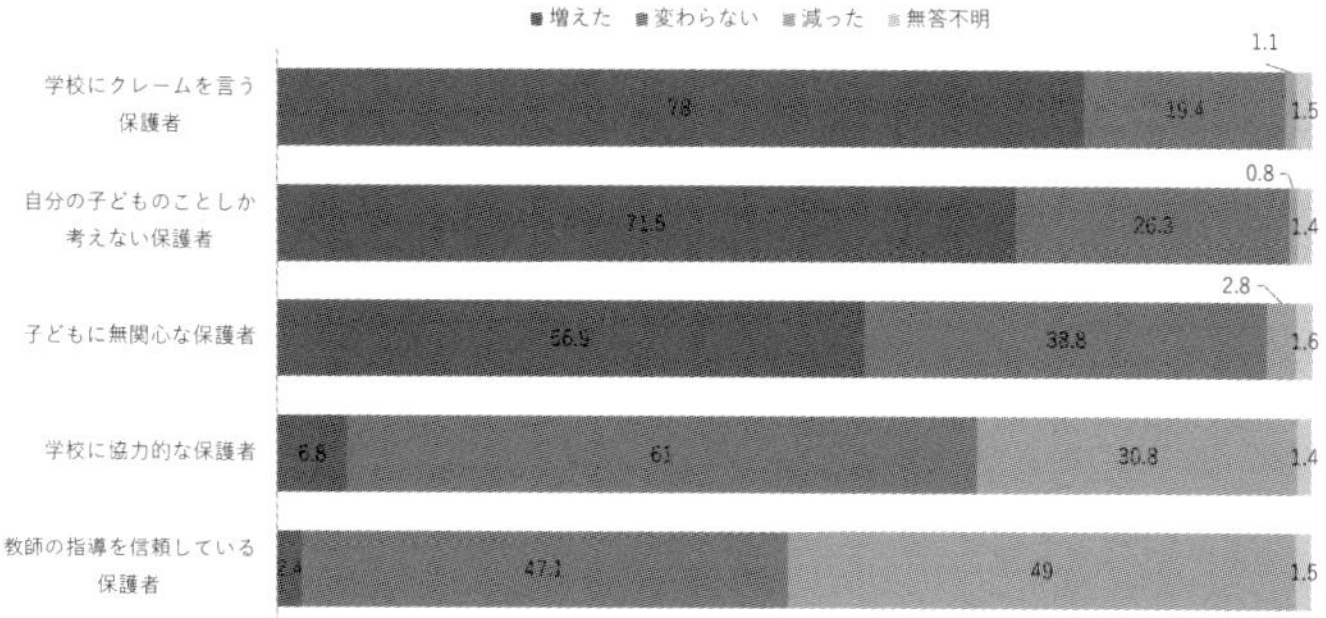

出典：ベネッセ教育研究所『第4回学習指導基本調査報告書』2009年

ブルにも表れています。例えば通学中に起こった子ども同士のトラブルでも、学校が仲裁しています。学校にいてもいなくても、子どもに何か起こったら、すべて学校が責任を負い、すべて学校が対応するべきだと、保護者達は考えているのです。

学校外で起こったことは、本来、保護者同士で対応すべきことです。しかし、今の保護者にはそれができません。学校を通さないと親同士、話もできないし、金銭のやり取りも学校を通すことになります。子どもに関わるあらゆることが学校に責任があると考えるため、学校の「説明責任」も増える一方です。評議員のところでもお話ししましたが、「説明」はただ話して終わりではありません。資料の用意など準備にも多大な労力が費やされます。

そして問題のある保護者の増加は、意外なところで教師の負担を増やします。例えば給食費の回収です。未納の家庭を一軒一軒教師が回収に回らなくてはなりません。これがどんなに大変なことか、皆さんも簡単に想像がつくのではないでしょうか。

また、親の虐待が判明した場合の対応もあります。私自身もこれを経験したことがありますが、とにかく大変でした。

それは受け持っていた生徒が、傷だらけで登校してきたことがきっかけでした。話を聞くと、酔っ払った母親に殴られていたことがわかりました。児童虐待防止法には、虐待に気づいたら通報しなくてはいけない義務があります。私は生徒の話を記録し、管理職へ報告しました。しかしあろうことか、その管理職は「ただ気を引きたいだけなので相手にするな」といったのです。虐待を隠蔽しようとしたのです。

校長や副校長が、虐待をなかったことにしようとしたのを私は許せませんでした。そこで私は生徒から聞き取ったことなど、文書にして教育委員会へ報告しました。当然、大問題となり校長と副校長は2人とも処分されました。報道もされましたので、もしかしたら読者の中でこの件を知っている方がいるかもしれませんね。

ここまで問題になることはそうそうありませんが、虐待に対する理解が進んだため通報数も年々増加しています。以前は虐待がどういうものかよくわかっていなかったために見過ごされていたものも、理解が進んだ今は「これは虐待である」とわかるようになったからです。

虐待だけでなく、生徒へのメンタルケアも教師の重要な業務になっています。心に問題のある生徒の悩み相談だけではなく、不登校になってしまったり、いじめなどの問題を起こす生徒への対応なども行います。これにもかなりの時間を費やします。特に不登校や自殺をする生徒は、少子化で生徒数自体が減る中でその数自体が増加傾向にあります。それにともない、教師の負担も増えてきているのも事実です。

つまり、時代の変化にともない、教師の役割もどんどん変化し、求められる役割もどんどん増えてきているのです。教師はただ勉強を教えるだけではなく、福祉や心理面からも生徒を支える存在になっているのです。

しかし、教師の役割は増えていく一方で、少子化による生徒数減にともない配置される教員数は少なくなってきています。その数少ない教師達で、今言ったような、数多くの役割をこなさなければなりません。教師1人当たりの業務量は相当なものになります。その結果が、世界一長い勤務時間です。

研修制度と学校のＩＣＴ化

教師の抱える問題はまだまだあります。その1つが研修制度です。

普通の企業なら、新卒にいきなりハードな仕事は割り振りません。まず経験と実績を積ませます。それによって、仕事の質も年々上がり、出世もしていきます。ところが、教師は違います。新卒でもベテランの先生と同じ内容の仕事を求められます。経験も実績もない状態で、いきなりフルスロットルで働くことを求められるわけです。これだけでも新卒の先生はパニック状態になってしまいます。

新卒が大変なのはそれだけはありません。新卒から10年目までは研修に次ぐ研修で、息つく暇がないのです。その上、この研修の準備にはかなりの時間が費やされます。学校にいる間は、ベテラン教師と同じ仕事をしなくてはならないため、研修の準備をする時間はとてもじゃないけどありません。その結果、普段の授業の準備と研修の準備は家でやることになります。家でも仕事をする教師が多いのはこういうことなのです。

企業であれば、ベテランになるにつれて責任が増え、それにともなって負担も増えていくのが常です。ところが教師は管理職にならない限り逆の現象が起こります。研修がなくなる分、ベテランのほうが負担が少なくなるのです。しかし、単純にベテランのほうが楽だと限りません。それは教育のＩＣＴ化も大きく関係しています。

実は一般企業と違って、教育の現場では長い間パソコンは必須ではありませんでした。教師１人につき1台のパソコンが与えられるようになったのは、２００8年になってからでした。つい最近のことです。そのため、教師の9割5分はパソコンをちゃんと使いこなせていません。はっきりいって学校はアナログ人間の巣窟なのです。

そんなアナログ人間がそろった教育現場に、文部科学省が打ち出したのが教育現場のＩＣＴ化です。ＩＣＴとはInformation and Communication Technologyの頭文字を取ったもので、「情報通信技術」という意味です。教育現場のＩＣＴ化とは、簡単にいうと教育現場のデジタル化です。インターネットなどの情報通信技術を授業に活用することです。

文部科学省は令和元年から「ＧＩＧＡスクール構想」を立ち上げ、「令和時代のスタンダードとして１人１台の端末環境を整える」ことを始めました。タブレットやパソコンを使って授業をする時代が来たのです。

しかし、いくらＩＣＴ環境を整えても、肝心の教師はそれを使いこなせていません。そもそもアナログ人間に、いきなりタブレットなどのデジタル情報端末を使いこなせといっても無理があります。

その上、使い方を学びたくても、ただでさえやることが多く、超過勤務を繰り返している教師には、新しいことを詰め込む余裕がないのです。

先ほどもいいましたが、教師達に１人１台のパソコンが導入されたのは、つい最近のことです。それまでは、学校にパソコンは2、３台しかありませんでした。中には自宅のパソコンでつくってくる教師もいましたが、テスト問題も手書きでつくっていました。ほとんどの教師がアナログな環境に慣れ親しんでいたところに、ＩＣＴ教育が導入されたのです。はっきり言って現場は対応し切れていません。

この無茶振りは今に始まったことではありません。例えばアクティブラーニングも同じことがいえます。アクティブラーニングは、ＩＣＴ教育の導入より少し前、平成29・30年の学習指導要領大幅改定時に取り入れられたもので、教師による一方的な講義形式の教育と違い、生徒が自らの頭で考え、動くことで学習する方法です。

実はこのアクティブラーニング、できる教師は全体の2、3％しかいません。多くの教師が自分の授業をアクティブラーニングにする余裕がないのです。

私自身も、教員時代にアクティブラーニングを試みたことがありますが、授業内容をフィードバックする余裕がまったくありませんでした。

授業内容をよりよくするためには、振り返りの時間が必要です。新しい試みならなおさらですが、それをやる時間が取れないのです。

いろいろなアクティブラーニングを見たり聞いたりして、自分の授業に生かすという余裕もありませんでした。

文部科学省や教育委員会はいろいろな試みを打ち出してきます。時代の方向としては、それは正しいことです。

しかし、現場に余裕がないために、それについて行くことができないのです。あれやこれやと、上から理想ばかりを押しつけられ、教壇に立つ教師達は、どうしていいのかわからない状態です。

保護者からの要求も膨らむ一方で、今、教師達はパンク寸前です。この教師の危機は、そのまま子ども達へとしわ寄せが行きます。

子ども達の教育環境をよりよくするためには、まず教師の負担を何とかしなければなりません。

4　教師を守ることは子どもを守ること

海外の教師は教えることだけに専念できる

教師の抱える問題は、海外の教師と比較するとよくわかります（図表18）。先ほどのＴＡＬＩＳの調査をもとに国立教育調査研究所がまとめた「我が国の教員の現状と課題」によると、中学教員が授業時間や課題の添削や採点などに割く時間は、実は平均とほぼ同じなのです。しかし、「課外活動の指導」や「一般的な事務作業」は、諸外国に比べて長いという結果がでました。つまり、日本の教師には余計な仕事が多いのです。

実際、私自身が体験した例を挙げましょう。生徒の引率でオーストラリアに3週間滞在したことがあるのですが、現地の教師達は日本とは全く違っていました。彼らは学問を教えるプロに徹していたのです。

オーストラリアの教師の朝は、日本とほぼ変わりありません。しかし始業時間は同じにも関わらず、終わる時間が大きく違いました。昼食後、少し授業をやればそれで1日の業務は終了です。退勤時間は午後2時か3時。生徒の下校時刻と同じぐらいに退勤できるのです。それは「教える」ことだけに特化しているからできることです。

例えば掃除です。日本ではなぜか学校の掃除を先生がやっていますが、オーストラリアは普通に

〔図表18　中学教師の仕事時間〕

国名	仕事時間の合計	指導（授業）	学校内外で個人で行う授業の 計画や準備	学校内での同僚との共同作業や話し合い	生徒の課題の採点や添削	生徒に対する教育相談
アルバータ（カナダ）	47.0	27.2	7.3	2.6	5.0	2.3
オーストラリア	44.8	19.9	7.3	3.7	4.9	2.5
オーストリア	37.2	19.2	7.4	2.3	4.6	1.0
ベルギー	35.1	18.5	5.8	2.1	4.6	1.3
フランドル（ベルギー）	37.1	18.5	6.4	2.2	4.8	1.3
ブラジル	29.8	22.3	6.0	3.0	4.3	3.0
ブルガリア	38.5	19.9	7.5	2.9	4.1	1.8
ブエノスアイレス（アルゼンチ	29.0	16.8	4.4	2.1	4.2	2.0
チリ	38.1	28.5	6.4	3.0	4.4	2.4
コロンビア	40.5	26.8	8.2	3.4	6.2	3.8
クロアチア	39.4	19.7	8.3	2.1	3.7	1.8
キプロス	34.3	17.4	7.4	3.1	5.5	2.2
チェコ	38.5	19.1	7.3	2.1	4.2	2.2
デンマーク	38.9	19.4	7.0	3.0	2.5	1.5
イングランド（イギリス）	46.9	20.1	7.4	3.0	6.2	2.5
エストニア	35.7	20.9	6.0	1.8	3.5	1.9
フィンランド	33.3	20.7	4.9	2.1	2.9	1.0
フランス	37.3	18.3	7.0	2.1	4.7	1.2
ジョージア	25.3	18.3	5.3	2.7	3.4	3.4
ハンガリー	39.1	21.2	6.5	2.3	3.4	2.4
アイスランド	38.8	19.8	6.8	2.9	3.4	1.5
イスラエル	32.6	21.4	5.2	3.1	3.9	2.8
イタリア	30.0	16.8	5.1	3.2	3.7	1.4
日本	56.0	18.0	8.5	3.6	4.4	2.3
カザフスタン	48.8	15.1	9.1	4.3	4.8	3.5
韓国	34.0	18.1	6.3	2.5	2.9	3.7
ラトビア	35.1	21.0	6.1	2.1	4.2	2.9
リトアニア	35.4	18.7	6.4	2.1	4.0	2.2
マルタ	36.7	18.6	8.6	3.1	5.4	2.6
メキシコ	35.6	22.4	6.1	2.2	4.5	2.5
オランダ	36.4	17.4	4.9	3.0	3.7	2.5
ニュージーランド	45.5	20.3	6.7	3.6	4.6	2.3
ノルウェー	39.9	15.8	6.3	3.3	4.3	2.4
ポルトガル	39.6	20.1	6.8	2.4	6.9	1.4
ルーマニア	33.5	17.0	6.3	2.4	3.4	2.2
ロシア	42.6	24.1	9.1	3.6	4.6	3.1
サウジアラビア	28.7	20.7	5.5	3.7	4.9	3.2
上海（中国）	45.3	w	8.5	4.1	7.8	5.3
シンガポール	45.7	17.9	7.2	3.1	7.5	2.4
スロバキア	36.4	20.1	6.9	2.2	3.5	2.1
スロベニア	39.5	19.5	8.6	2.6	3.5	2.2
南アフリカ共和国	35.0	25.7	5.6	3.1	6.3	3.0
スペイン	36.7	19.6	6.2	2.5	5.2	1.7
スウェーデン	42.3	18.6	6.5	3.3	4.1	2.2
台湾	35.7	17.2	6.9	3.1	4.2	3.6
トルコ	31.6	24.5	3.4	1.9	2.3	1.9
アラブ首長国連邦	39.7	23.7	7.3	3.6	5.2	3.4
アメリカ	46.2	28.1	7.2	3.5	5.3	3.4
ベトナム	46.0	18.1	9.9	3.3	4.9	2.5
OECD31か国平均	38.8	20.6	6.5	2.7	4.2	2.2
EU23か国全体	37.5	18.8	6.5	2.6	4.6	1.8
TALIS 参加 48 か国平均	38.3	20.3	6.8	2.8	4.5	2.4

出典：国立教育政策研究所　TALIS2018報告書vol.2—学び続ける教員と校長—の要約

清掃業者が掃除を行っていました。部活動も学校ではやりません。スポーツをやりたい生徒は、地域のクラブに入ってそこで行います。スポーツをやらない生徒達は生徒達で、同じ趣味がある者同士で集まっていました。つまり学校単位ではなく、地域単位でクラブ活動やサークル活動を行っていたのです。そのため日本のように、教師が放課後指導する必要がありませんでした。

オーストラリアの教師は「教える」ことだけやっているので、資料作成など、大量の書類を作成することがありません。準備に何時間もかかるような研修制度もありません。そのため、オーストラリアの教師は、日本と違って余裕がありました。余計なことに振り回されることなく、ただ教えることだけに専念できていました。

ちなみに、TALISの調査によると、オーストラリアの教師の1週間の勤務時間は44・8時間です。日本の56・0時間より大幅に少ない時間です。にもかかわらず、授業時間は19・9時間と、日本の18・0時間よりも長くなっています。勤務時間は少ないにもかかわらず、教える時間はしっかりと取れているわけです。このデータからも、オーストラリアの教師達が「教えることだけ」に専念できていて、日本の教師達は教えること以外に多くの時間が取られていることがよくわかります。

「教えること」に専念する

教師の主な業務は「授業」「生徒指導」「部活動」「学校行事」の４つです。しかし、実際はこれ以外のこともかなり多く教師の業務に振り当てられています。やらなくてはならない仕事が増えていくばかりなのです。

例えば文部科学省や教育委員会などは、「○○についての報告書をいつまでに出せ」という風に、あれやれこれやれと学校や教師によく指示を出してきます。しかし、教師はスーパーマンではありません。言われたとおりにできないことも多く、報告書の作成にも時間がかかります。上からの指示がかなりの負担になっているのです。

教師の本分は「教えること」です。さまざまな雑務に振り回されてしまうと、肝心の教えることがおろそかになってしまいます。教師が教えることだけに集中できれば、公立学校でも良質な教育を受けさせることが可能になります。今の教師は、やることが多すぎて「教えるスキル」を向上させる余裕がありません。「教えるスキル」とは、ただ、だらだらと教科書の内容を教えるのではなく、「教科書で教える」スキルです。ひたすら知識をつめこむのではなく、子どもの探究心を育てる授業を行うのです。先ほど2、3％の教師しかやることができないといったアクティブラーニングもこれに含まれます。

教師を「教える」ことだけに専念させるには、学校や生徒にかかわるすべてのこと教師が行っている現状を変えていく必要があります。膨れ上がった教師の業務をスリム化するのです。それはつまり、「教師がしなくてもよいこと」を他の誰かに任せるようにすることです。

例えば、先ほども少し触れましたが、教育委員会は進学人数など、いろいろな報告書の提出を学校に求めてきます。提出しなければならない膨大な報告書は、すべて教師が作成しています。かなりの手間がかかる作業ですが、そもそも教師でなくてもできることです。こういった文書業務をサポートする事務員が1人でもいれば、教師の負担もかなり減ります。掃除も、オーストラリアのように外注すれば済むことです。

実は2019年の働き方改革答申でも、教員のになう仕事を整理すべきだという結論が出ています。残念ながら実態に追いついていないのが現状ですが、教師がやらなくてよいことは他の誰かに任せる、学校がやらなくてもよいことは外部に任せる、そういうことをどんどんしていくべきです。

本当に「なんでこんなことまで教師がやらなくてはならないのか」という仕事が多すぎます。例えば先ほどいった掃除もそうですし、休み時間にやる校門の番も〝慣例〟で教師の仕事になっています。生徒の逃亡防止が目的で教師が門番をするのですが、休み時間は生徒だけでなく教師の休憩時間でもあります。そもそも、門をしっかり閉めておけば済む話ですし、教師が休憩時間を返上してまで門番をする意味はあるのでしょうか。

また、生徒が学校外で問題を起こした場合、必ず先生が呼ばれます。例えば生徒が万引きをしたとすると、夜の7時だろうが8時だろうが教師に呼び出しがかかります。呼び出された以上、教師は駆けつけますが、はっきり言って業務時間外に労働を強いられているわけです。

学級費や給食費などのお金の管理もそうですし、地域ボランティアとの連絡や調整作業も教師の仕事になっています。こういった細々とした仕事が、実にたくさんあるのです。そしてそれらの業務が、教師達を追い詰める原因になっています。埼玉県川口市のNPO法人「プロテクトチルドレン」が行ったアンケート調査からも、その実態がはっきりと見えてきます。

教師達がストレスに感じる作業を、回答が多かった順に上げていくと、報告・記録などの事務作業、保護者・PTA対応、不登校・いじめなどの対応、コロナ対応、部活動でした。また、作業時間を減らしたいものとして上げたのは、事務作業、持ち帰り業務、コロナ対応、保護者・PTA対応、会議打ち合わせでした。対して、教師が増やしたい時間は休憩時間や生徒との交流や見守りの時間、授業準備などです。この結果からも、教師が「教えること」以外の業務にいかに振り回されているかがよくわかります。

休憩時間をつぶしてまで「教える以外の業務」に振り回されているのであれば、教師達は子どもと向き合いたいのです。実際、休憩時間も事務仕事に追われ、子どもの悩み事に対応できないことがほとんどです。子どもが発するSOSを拾えず、あとで悔やむこともたくさんあります。そう、教師が多忙であることのしわ寄せは、他でもない、子ども達に行っています。

子ども達は、将来の日本社会を担っていく存在、つまり社会にとっての宝です。だからこそ、学校、教師だけでなく、社会全体で子ども達を守り育てていく必要があります。地域社会で力を合わせて教師の負担を減らしくことで、教師が子どもと向き合う時間や自身をスキルアップするゆとりが出てきます。その結果、公立学校に通う子ども達にも、国立や私立学校と同じような、よりよい教育を受けることができるようになります。

例えば部活動。長時間勤務と休日出勤の原因となっている部活動ですが、実は教師の家庭を破綻させる原因の1つでもあります。部活で土日が取られるため、教師自身の子どもの面倒見る人がいなくなるのです。地方出身の教師の場合、実家に頼ることもできないため、子連れ出勤で対応していたケースもありました。私の同僚でも、学校に小さな子どもを連れてきてまで、部活動を見てくれている先生も多数いました。

しかしこの部活動を、ＯＢやＯＧ、地域のボランティアなど、ある程度外部の指導員に任せることができれば、教師の負担もかなり減ります。中体連や高体連の大会などは、絶対に教師が引率しなければならないというルールがあるため、すべてを任せきりというのはできませんが、それでも毎週末、部活のために出勤する必要がなくなります。部活のため、放課後遅くまで残らなくてもよくなります。

生徒への特別指導も、教員志望の学生にインターンシップの一環として任せてみたり、退職後の人材を活用すれば、費用をかけずに教師の負担を減らすことができます。そして何より、地域のマンパワーの活用は、教師だけでなく、核家族化で孤立している中で子育てをしている親達の救いにもなります。親の手が回らない部分を、地域社会が変わって面倒を見ることができるからです。

これが地域で子ども達を育てていくということです。これこそが、これからの子育てで必要なことではないでしょうか。

5 「夜スペ」の試み

夜の寺子屋「夜スペ」

子ども達の学ぶ環境を、地域でつくりあげる――これを実戦したのが杉並区立和田中学校です。始まりは、都立公立中学校では初となる民間出身の校長が誕生したことからです。リクルート出身の藤原和博氏が和田中学校の校長に就任すると、まず、PTAを廃止しました。そしてPTAに変わるものとして、〝地域ボランティアが学校を支援する任意団体〟「和田中地域本部」を設立しました。

この和田中地域本部の主催で実施されたのが夜スペです。夜スペは夜スペシャルの略で、成績はよくても経済理由などで塾に通う余裕のない、いわゆる「吹きこぼれ」の子ども達を対象に塾の半額程度の受講料で行われた補習授業です。「吹きこぼれ」とは、「落ちこぼれ」の逆で、成績はいいものの、学力が伸び悩んでいる生徒達のことを指します。

夜の寺子屋ともいえる夜スペが画期的だったのは、成績のいい生徒のさらなる学力向上を目指したことです。

親の経済状態のせいで、素質があっても学力を伸ばすことができない子達は少なくありません。そういった子ども達へ、救いの手を差し伸べたのがこの夜スペです。そして夜スペ誕生の背景には、1

項で述べたように、裕福な家庭はみな国立や私立中学へ進学していくことがありました。裕福な家庭でしっかりとした教育を受けてきている子ども達は私立中学校受験をし、公立中に行くのは成績が悪いか貧困家庭の子ども達だという図式が杉並区ではできあがっていたのです。このままでは公立中が崩壊しかねないという危機感があったのです。そこで地域と共に夜スペを立ち上げたのです。

この試みは校長が代替わりした今も続いています。２０２２年現在、和田中地域本部が行っている主な活動は次のようになります。

・ドテラ（土曜日寺子屋）……土曜日の午前中に行われる、学生ボランティアによる自主学習支援活動。勉強だけでなく、子ども達の「居場所」としての役割も、になっています。
・放課後自習ルーム……放課後や部活動前の隙間時間を活用して行う自主学習支援活動。地域本部の担当者のほか、時間が許せば学校の教師もサポートに来てくれます。
・英語学習支援……土曜日午前中に外部講師による英語学習支援授業「英語Ｓコース」の運営。
・学力支援……漢検、英検、数検の実施。
・部活動支援……部活動のコーチの手配など。

多くの学校で教師が行っていることを、地域ボランティアが分担して行っているのです。そして分担することによって、それぞれの内容も充実してきます。その結果、和田中は入学希望者が増加し、公立学校の成功例といわれるようになりました。

この和田中の試みは、子どもが望めば勉強ができる環境を地域ボランティアの協力によって実現できた好事例といえます。教育の機会均等は、家庭だけでなく、学校単位でもなく、地域の協力によって初めて実現するということを、和田中が証明してくれました。

永井塾の成果

最後に手前味噌になってしまいますが、私が教師時代に独自で行っていた試みを紹介したいと思います。

私が最初に赴任した東京都立上野高等学校は、足立区内の生徒が多く在籍していました。この学校の生徒は優秀な者が多かったのですが、その大半が家庭環境に恵まれていませんでした。2章でも少しお話ししましたが、経済的に恵まれていない生徒達は、受験をしたくてもどうしたらいいのかわからない状態になっています。

彼らは学ぶ意欲がありながらも、受験戦争の中で弱者となっているために、思うような成果を上げることができませんでした。その結果、多くの生徒が親の経済的格差をそのまま継承していくことになっていました。

そこで私は、彼らのために放課後を利用して学校内寺子屋を始めました。月曜日から土曜日まで、毎日夜の10時まで受験勉強に付き合い、どうすれば志望校に合格できるか戦略を立てました。その結果、多くの生徒が難関大学に合格していくことができました。

成果はこれだけではありません。この頃の生徒達が社会人になったあと、私の生徒の支援をしてくれるようになったのです。個人の試みから、先輩から後輩へと受け継がれる好循環が生まれました。そして通称「永井塾」と呼ばれるまでになったのです。

個人の力から始まった試みでも、ここまで成果が出せました。そして和田中のように地域の力が入ると、もっと大きな成果が出せるのです。教育の機会均等とは、絵に描いた餅ではありません。みなで力を合わせることで、実現可能なものなのです。

6　「子ども食堂」を一歩先へ

子ども達の居場所

ところで、和田中の行っている「ドテラ」は学生ボランティアによる学習支援と、子ども達の「居場所」を提供するものといいましたが、思春期の子ども達にとって、学生ボランティアは特別な存在になります。先生や親と違いもっと身近で、なおかつ学校の先輩のように近すぎない、ほどよい距離感で頼れる年上の存在になるのです。いろいろな悩みが相談できたり、場合によっては避難場所にもなります。

勉強ができて、居場所にもなるところ。格差を解消するためにも、すべての貧困家庭の子ども達に、そういう場所を用意する必要があります。そして、それはそんなに難しい問題ではありません。全国各地にある子ども食堂を利用すればいいのです。

「子ども食堂」とは

子ども食堂とは、「子どもが1人でも行ける無料または低額の食堂」で、「子どもへの食事提供から孤食の解消や食育、さらには地域交流の場などの役割」を果たしています（厚生労働省「子ども食堂応援企画」より引用）。

２０１２年に大田区の八百屋さんから始まったこの取組は、またたく間に全国に広まりました。ＮＰＯ法人全国こども食堂支援センター・むすびえの調査によると、２０１６年には３１６か所だった子ども食堂は、２０２１年には６０１４か所までに増加しています。５年間で20倍も増えた計算になります。ただし、届け出の必要のない民間での活動のため、調査したむすびえも「全てを網羅していない可能性がある」としています。おそらく実際はもっと多くの子ども食堂が存在している可能性があります。

子ども食堂の役割

３章でも話しましたが、貧困層の子ども達の多くは、３食きちんとした食事が取れない状態です。子ども食堂はそういった子ども達のために始まりました。子ども食堂が始まって10年、その活動は多方面へと広がりつつあります（図表19）。先ほどのむすびえの調査によると、子ども食堂の目的は食事提供だけではなく、「子どもの居場所づくり」「1人親家庭の支援」「親の子育て支援」などを、子どものための活動が過半数を占めていますが、８割以上のこども食堂が大人も対象にしており、

〔図表19　子ども食堂の目的〕

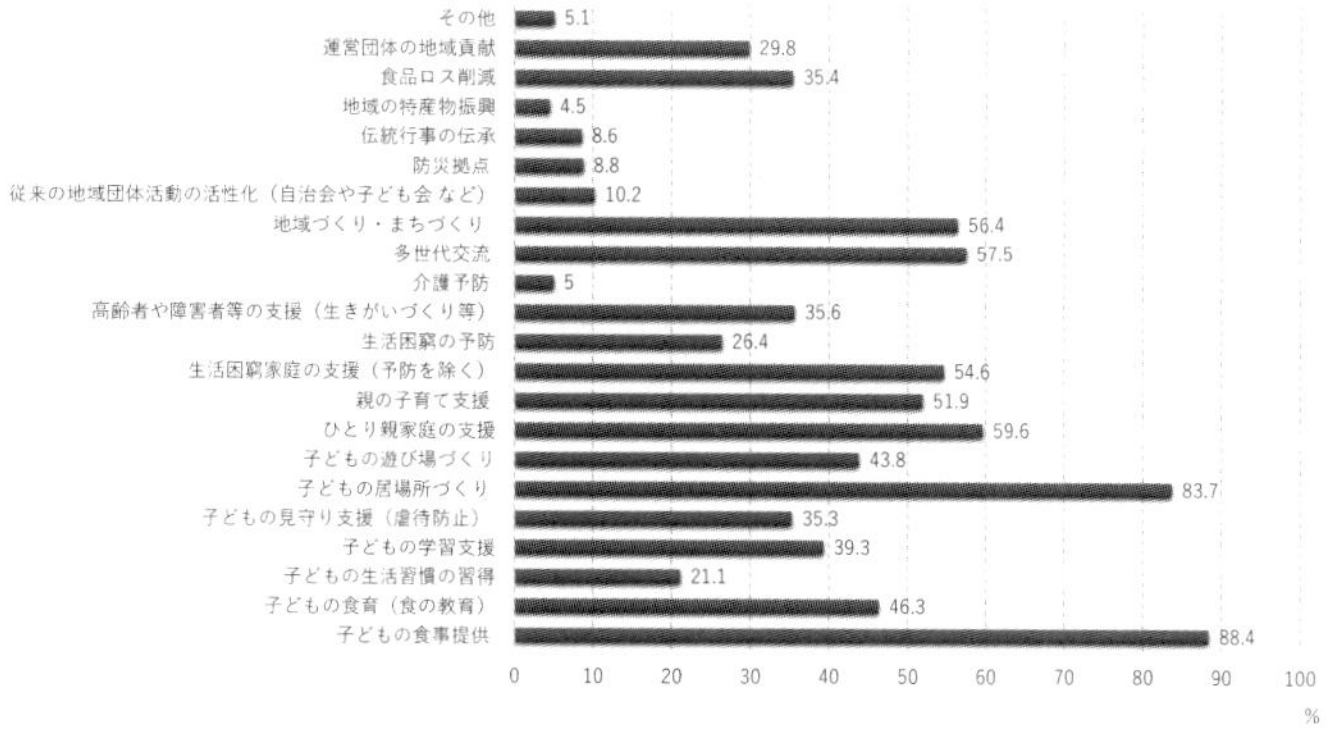

出典：ＮＰＯ法人全国こども食堂支援センター・むすびえの調査

多世代交流や地域づくりを目的の1つとする子ども食堂が過半数を占めています。子どものための活動から地域の拠点へと変貌しつつあるのです。

しかし、数は増えているとは言え、２０２1年時点で、子ども食堂の設置率（子ども食堂のある学区の割合）は22・23％。理想である1学区につき1か所にはまだまだ足りない状態です。それに加えて、実際の稼働率は93％で、残り7％は活動休止もしくは閉鎖となっています。

また、子ども食堂は大半が市民団体の運営しているため、その活動内容にはかなりバラツキがあります。子ども食堂が始まって10年。まだ多くの課題がある状況です。

これからの子ども食堂

始まりから10年で、子ども食堂の活動は多方面に広がりました。しかしここで改めて「子どもへの食事提供」と「子どもへの居場所づくり」という子ども食堂の基本的な目的に立ち戻って考えみましょう。

最初に「ドテラ」のような場所が子ども達に必要だといいました。「ドテラ」は「子ども達が勉強するところ」であると同時に「子どもの居場所」となる場所です。つまり、子ども食堂で勉強もできればいいわけです。

実際、子ども達の学習支援を目的としている子ども食堂もあります。ただ、むすびえの調査によると学習支援を行っている子ども食堂の割合は39・3％、約4割しかありません。またもう1つ問題があります。年齢が上がるにつれて子ども食堂への参加率が低くなっているという点です。

子ども食堂に参加する子どもは小学生が中心で、中学・高校になると子ども食堂に足を運ぶ子どもはほとんどいません。しかし、3章でもいったように、小学生は「給食」という栄養バランスを考えた食事を取る機会があります。しかし中高生になると、その給食がなくなってしまいます。成長期でしっかりとした栄養を摂らなくてはいけないのに、給食がないために3食すべてがいい加減な食事になってしまうことも少なくありません。そして同時に、中高生は進路の問題も抱えていいます。貧困家庭では、いい加減な親が多いことは何度も言いました。親がいい加減で頼れないなら、地域の大人達が力になってあげるべきなのです。

中高生も参加しやすく、学習支援やさまざまな相談にも乗れる子ども食堂。貧困の再生産を防ぐためにも、地域の力で子ども食堂をそのような存在にすることができないでしょうか。子ども食堂のこれからを考えたとき、「子どもへの食事提供」「居場所づくり」だけでなく、子ども達の将来まで目を向けていくべきなのではないでしょうか。

第6章　「機会の平等」を実現するには〜国がやるべきこと〜

貧困の再生産を防ぐために何ができるか、ここまでいろいろとお話ししてきました。行動を起こすことで、教育が受けられる環境を大きく変えることができます。しかし、すべての子ども達が、等しく教育を受けられる社会にするためには、個人・地域の力だけでは限界があります。民間の善意だけではどうにもならない問題も数多くあります。やはり政治の力が必要になってくるのです。

最後に、子どもの教育の機会均等を実現し、貧困の再生産をなくすため、国がやるべきこととは何があるのかについてお話ししたいと思います。

1 やる気さえあればいい教育を受けられる社会に

機会の平等

教育の機会の均等というのは、みんなで同じ内容の教育を受けるという意味ではありません。本人が望んだ教育を誰しも受けることができるということです。みんなが同じチャンスを持っているということです。

何度も繰り返しいっていますが、日本の子ども達はこのチャンスを持っている子とそうでない子の差がどんどん開いています。教育の機会の二極化が進行し続けています。しかし、貧困家庭の子ども達にも、教育の機会を保証してあげる必要があります。それには国が教育にお金をかけていくしかありません。日本は教育にしっかりお金をかけている国だというイメージを持っている方も少なくないでしょう。しかし、諸外国と比べるとそうとも言い切れないのです。事実、ＧＤＰに対する公的教育費は他の国と比べて高いとは言えません。

２０１６年時点での日本の公的教育費は、ＯＥＣＤ（経済協力開発機構）加盟国平均の約７割にしかありません。ＯＥＣＤの調査によると、日本の国民１人当たりのＧＤＰ費に占める、在学者１人当たりの公的教育費の割合は20・９％となっています。ＯＥＣＤ平均値は21・４％ですので、日本は平均を下回っています。ちなみに、この割合が最も高いのはノルウェーの30・４％で、日本の約1・5倍もあります。

財務省の日本の財政関係資料（２０２２年10月版）では、この状態を〝公財政教育支出（ＧＤＰ比）は、ＯＥＣＤ平均の約７割ですが、子どもの数も、ＯＥＣＤ平均の約７割となっています。したがって、在学者１人当たりで見れば、我が国は、ＯＥＣＤ平均と遜色ない水準となっています〟と結論づけています。つまり、平均より少なくても問題ないといっているわけです。しかし、それは本当に「問題ない」のでしょうか。裕福な家庭と貧困家庭で教育機会の二極化がどんどん進行しているのに、です。

そもそも日本という国は、なぜか教育にかかるお金のことを深く考えていないようです。そのことは、憲法にも現れています。憲法26条に書かれている条文がそれにあたります。この憲法26条は、義務教育の無償化について述べている条文で、社会の教科書にも出るくらいよく知られたものですが、その第１項には次のように書かれています。

「すべて国民は、法律の定めるところにより、その能力に応じて、ひとしく教育を受ける権利を有する」

教育の機会均等の権利をこの条文で定義づけているものの、この中には大きな落とし穴があります。解釈の仕方によっては、教育の機会は経済状況に応じて与えられるものだと取ることができるのです。そう取れるのは、「その能力に応じて、ひとしく教育を受ける権利を有する」と書いてある部分です。

「その能力に応じて」の「能力」とは、「教育を受けることができるだけの精神力や身体的能力を指す」といわれています。ところが、この能力には「経済力」も含まれていると考えることもできるのです。つまり、経済力も能力の1つであるならば、貧困家庭の子どもは「教育を受ける能力が低い」ということになるのです。

「誰もが等しく教育を受ける権利がある」ことを保証するはずの憲法が、解釈の仕方によっては「貧富の差によって受けられる教育は変わる」ということを定義してしまう可能性があるわけです。こんなおかしい話はありません。国は「貧富の差に関係なく、等しく教育を受ける権利がある」ことを、しっかりと保証すべきなのです。

日本という国は、「教育」に対する認識が甘いと言わざるを得ません。画一的だった戦後と違い、社会の多様化が進む中で、学校教育も多様化が進んでいます。社会が教育の多様化について行けないと、教育機会の二極化も加速する一方です。

真の機会均等を

子ども達には、貧富の差に関係なく、その適性に応じて等しく教育を受ける権利を保障してあげなくてはいけません。親が貧しいために、教育を受けるチャンスを奪われてしまうことがないように、国がちゃんと保証するのです。そのためには、教育を受ける権利をもっと明確に表現する必要があると思います。

親の経済的能力がそのまま子どもに影響し、貧困が延々と受け継がれていく悪循環が続いています。これを終わらせるためには、まず国がしっかりと教育の機会均等を保証するのです。子ども達がやる気や能力に応じて、等しく教育を受けられるようにするには、どうしても政治の力が必要なのです。

そのためにはまず､国が教育にお金をかけていくことです。教育にお金をかけることではじめて、国の教育力を上げることができます。それはこの日本を､教育立国にするということでもあります。教育力を上げ、日本を教育立国にすることができれば、日本の未来もよい方向に大きく変えることができます。

例えば、教育力が上がれば、それにともなって技術力も底上げされます。もともと日本は世界屈指の技術力を誇っていましたが、この競争力は年々低下しています。しかし、ここで技術力を上げれば、技術立国としての立場を揺るぎないものにすることができます。つまり、教育にお金をかけると言うことは、日本の未来への投資につながるのです。

2　大学まで無償に

進学のために借金をしてしまう現実

4章でもお話ししましたが、大卒という肩書きが欲しいために、安易に大学進学してしまうと、「奨学金」という名の借金を背負い、その返済のためにさらなる貧困のループにおちいることになります。中には、奨学金だけでは足りずに教育ローンも併用した結果、親子で借金を背負ってしまうこともあります。2021年度に実施した日本政策金融公庫の調査によると、教育費の捻出のために奨学金を利用した家庭は全体の19・2%、国の教育ローンを利用したのは4・0%、民間金融機関の教育ローンを利用したのは2・7%となっています。

国の教育ローンを借りた主な理由で一番多かったのは「貯金や貯蓄ではまかないきれなかった」でしたが、次に多い理由が「子どもにかかる教育費が予想以上だった」というものでした。進学を決めたはいいものの、必要な金額をわかっていなかったために、教育ローンという借金をつくってしまったわけです。

私は教師時代に進路指導をしていたときは、まず、「大学進学にはいくらかかるか」という親の啓蒙から始めていましたが、そんなことをしてくれる教師などほとんどいません。多くの親が大学にかかる費用のことなど深く考えずに進学を決めています。そして合格したあと、入学金や授業料などの校納金や諸費用を用意する段階ではじめて、その金額にビックリして慌てて奨学金やローンを借りることになるわけです。

大学のために借りた「借金」が、卒業後にどれくらい問題になるのかは4章でお話ししたとおりです。卒業後、同級生が結婚してマイホームを持つ中で、ひたすら借金の返済をしていかなくてはならないのです。

専門学校進学でも格差がある

貧困家庭の進学の問題は大学だけに限ったことではありません。専門学校への進学でも格差が起こっています。

例えば医療系の専門学校。ここを卒業すれば看護士のほか、臨床検査技師や診療放射線技師、理学療法士、歯科衛生士といった、さまざまな医療系の資格を取得できます。これらの専門学校は高収入のうえ、就職先にも困らない職種の資格が取得できるため、人気のある進学先です。しかし、その分かかる費用も高額になります。そのため、「行きたいけど行けない」という生徒が実にたくさんいます。貧困を抜け出すために、高収入を得られる資格を取得したいが、資格取得のための専門学校の学費が払えない——結果として貧困から抜け出せないという悪循環が、ここでも発生しています。

医師会など運営が病院系列となる専門学校では、病院奨学金制度というものも実施していますが、あまりいい制度とはいえません。病院奨学金というのは卒業後、系列病院で決められた何年間か働くことで奨学金が免除もしくは減額となる制度です。この制度はほかの奨学金と違って借金を背負わなくていいものの、卒業後の進路選択の自由がなくなるというデメリットもあります。悪くいえば人身売買のような制度に思えてなりません。

子どもが医療系の専門学校に進学する場合、親も看護士など医療系の職業に就いている場合がほとんどです。医療系の仕事は収入がいいので、シングルマザーでも問題なくやっていける上、子どもの進学費用を用意する余裕もあるからです。資格もないまま無計画に離婚し、貯金が10万円もなくて貧困極まる母子家庭とは大きく違います。やはり看護士などの医療資格があれば、母子家庭でも子どもにしっかりした教育を受けさせることができます。費用のかかる医療系専門学校にも、進学させることができるわけです。

何か手に職をつけたいと子ども自身が望むなら、その資格を取れる学校に進学できる——これが教育の機会均等です。その資格が取れるかどうかは関係ありません。資格取得には本人の能力も関係するからです。本人の能力の問題で進学できない、資格が取れないというのは仕方のないことです。

しかし能力とは関係ない部分、つまり経済的な問題で進学をあきらめることはあってはならないのです。教育の機会均等とは、親の経済状態に関係なく、やりたいと思った勉強ができることです。

それができるようになるためには、国や自治体が動かなくてはなりません。公的な資金を、積極的に教育に投入していくことで、教育の機会均等が実現できるのです。

すべての高等教育を無償に

先ほど紹介した憲法26条により、中学校までは義務教育として無償になっています。しかし、高等学校への進学率は98・9％で、ほぼ全員が高校へと進学し義務教育で終わる子どもはほとんどいません。そして大学・短大・専門学校など高等教育機関への進学率は83・3％で、高校だけで終わる子どもは少数派になります。このデータが示すように、ほぼ全員が義務教育終了後も上の学校へ進学し勉学を続けています。となると、「義務教育」は中学までというのは実情に合っていないことになります。特に高校は、よほどの事情がない限りほぼ全員が進学しています。

しかし、ほぼ全員が進学しているとはいえ、必ずしもすべての子ども達が、自分の望んだ進路に進めてはいません。何度もお話ししたとおり、経済的な理由から思うような学力をつけられずに受験に失敗したり、学費を用意できないために、進路変更せざるを得なかった子ども達もたくさんいます。

親の経済状況に関係なく、すべての子ども達が望んだとおりに勉強できるようになるためには、大多数が進学している大学や短大、専門学校まで無償にする必要があります。無償といえば、高等学校を無償化するために「高等学校等就学支援金制度」がすでに設けられてはいます。しかしこの制度は無償とうたわれながらも、実際は無償ではありません。このような制度では意味がありません。真の無償化とは、経済的な心配をすることなくすべての子どもが勉強できる制度でなくてはなりません。

3　教育バウチャー

真の無償化にするために

国や自治体が積極的に教育にお金をかける必要があるといいましたが、そのお金のかけ方には注意が必要です。給付金などにすると、教育費以外に使ってしまう可能性があるからです。3章でもお話ししましたが、子どものことを考えない身勝手な親が少なからず存在しています。そういう親に現金を与えると、子どものためではなく自分の楽しみのために使ってしまうおそれがあります。だからこそ間違いなく教育に使ってもらうためには、それなりの工夫が必要になります。

給付金ではなくて、教育費を無償化する制度はすでに存在はしています。「高等学校等就学支援金制度」がそれです。これは高校の授業料を国が負担する制度で、保護者を通さず、国が直接学校に支援金を支払うシステムになっています。それによって、高校の「授業料が実質無料」になるという制度です。

この制度ですが、「実質無料」なのです。「実質」なので、手続が完了するまでは支払いが発生します。しかも手続をしないと支払われませんので、この手続を忘れてしまうと、当然ですが支援金はもらえません。また、所得制限もありますし、制服代や教科書代、教材費、修学旅行費など学校に必要な経費は対象外です。

低所得者であれば、支援金以外に「高校生等奨学給付金」という、学校に必要な諸経費を支援する制度もありますが、これも申請が必要で、申請が通るまでは自己負担となります。

つまり、進学するときにはある程度の金額を用意しなくてはいけないのです。そのため、諸費用を用意できなければ奨学金を借りたり、進路変更をすることになります。

しかし、教育バウチャーを使えば、「実質無料」ではなく、最初から「無料」にすることが可能です。奨学金を借りる必要もなければ、金銭的理由による進路変更をしなくても済むようになるのです。

教育バウチャー制度とは

教育バウチャーとは、簡単にいえば、子どもの教育に使えるクーポン券です。この教育バウチャーを使うことで、国立・私立でも公立でも、その他どんな学校でも費用の心配をすることなく進学できるようになります。さらにこのバウチャーで塾に行けるようにすれば、経済的理由から学力を伸ばせなかった子ども達への救済も実現します。

そして貧富の差なく、すべての保護者にこのバウチャーを配布することで、すべての子ども達に等しく教育を受ける権利が保証できます。この教育を受ける権利とは、子ども自身が望んだ教育を受けられるということ、つまり進路選択の自由が保証される権利です。バウチャーを使って、やみくもに大学へ進学させるということではありません。例えば、先ほど貧困家庭では手に職をつけたくても医療系専門学校への進学が難しいといいましたが、バウチャーがあれば進学できるようになります。金銭的な理由で進学をあきらめることがなくなるのです。

教育バウチャーのメリット

教育バウチャーを使うことで、親の経済状況にかかわらず、進学先を自由に選択できる権利を得ることができます。これが一番のメリットなのは間違いありません。しかし教育バウチャーには他にもメリットがあります。特に学校側にもメリットが大きいのです。なぜなら教育バウチャーを導入することで、教師や学校の質を上げることができるからです。

教育バウチャーを導入することで、生徒には学校を選択する自由が生まれます。それはそのまま、学校間の競争につながります。公立でも、私立と同じように生徒を獲得するために努力する必要が出てくるためです。競争のないところにいいものは生まれません。公立も国立私立と競争することによって、学校や教師の質を上げることができるのです。

実は公立の教師は、悪い意味で「公務員化」しています。頑張っても頑張らなくても給料は同じなため、「頑張ったら負け」という空気も蔓延しています。実は教員の95％が、このような「やる気のない」状態で働いています。

一部には創意工夫をして生徒の理解度を上げる授業を行っている優秀な教師がいるにはいます。しかし、大多数の教師は教科書に書いてあることを淡々と教え、事なかれ主義で過ごしているのです。私は教師時代、正直このようなやる気のない教師ばかりのところに、自分が親なら子どもを預けようとは思えませんでした。それぐらいひどかったのです。

しかし、教育バウチャーを導入すれば、先ほど言ったように学校間の競争が生まれます。教科書に書いてあることだけを教えているだけでは、この競争には生き残れません。子ども達に何が必要なのかを考え、教師達で互いに知恵を出し合い、創意工夫をして、よりいい学校にしていかなくては生き残れなくなります。

今現在、必死に頑張っているわずか5％の優秀な教師はそのままで問題ありませんが、残り95％を占めるやる気のない教師達は意識を改めていく必要があります。彼らがどれくらい教師としての自覚がないのか、1つ例を出してみましょう。公立の教師は、生徒の前で堂々と校長を批判する者が少なくありません。「校長先生の言っていることなんて聞く必要がない」などと、平気で校長先生を否定します。

このようなことは、私立ではとうてい考えられません。私立は理事長の意識一つで学校の方向性が決まるからです。つまりトップダウンで統制が取れた状態なのです。だから私立は校風も教育方針もはっきりしていています。

一方の公立は、生徒の前で簡単に校長批判ができるくらいですから、当然のことながら統制はとれていません。また、教師が校長の言うことを聞かないのであれば、生徒だって教師の言うことを聞かなくなる可能性も十分にあります。その結果、学校の信用度も低くなります。こういった自覚のない教師が存在することで、学校全体がおかしくなってしまいます。

教育バウチャーはこのような自覚のない教師へのカンフル剤にもなります。公務員教師に欠けていた「危機感」が目覚め、教師同士の競争が生まれます。教師が切磋琢磨することで、より高みを目指してもらうのです。そうすることで、学校もよりいい方向へ進んでいくのです

4 子どもは将来の宝

子どもは「資源」であるという考え方

貧困に苦しむ子ども達には罪はありません。彼らのためにも、志があれば勉強できる社会にしていかなくてはいけません。親の所得にかかわらず、公立でも国立・私立でも自由に選択して学ぶことができれば、これ以上格差が広がることも、貧困の再生産もなくなります。だからこそ、教育にかかる費用を国が負担していく必要があるのです。

日本は今、少子化と超高齢化がどんどん進んでいます。人口ピラミッドを見れば、日本の人口比率がいかにいびつかよくわかります（図表20）。日本の未来を考えたとき、子ども達は必要不可欠

〔図表20　日本の将来推計人口〕

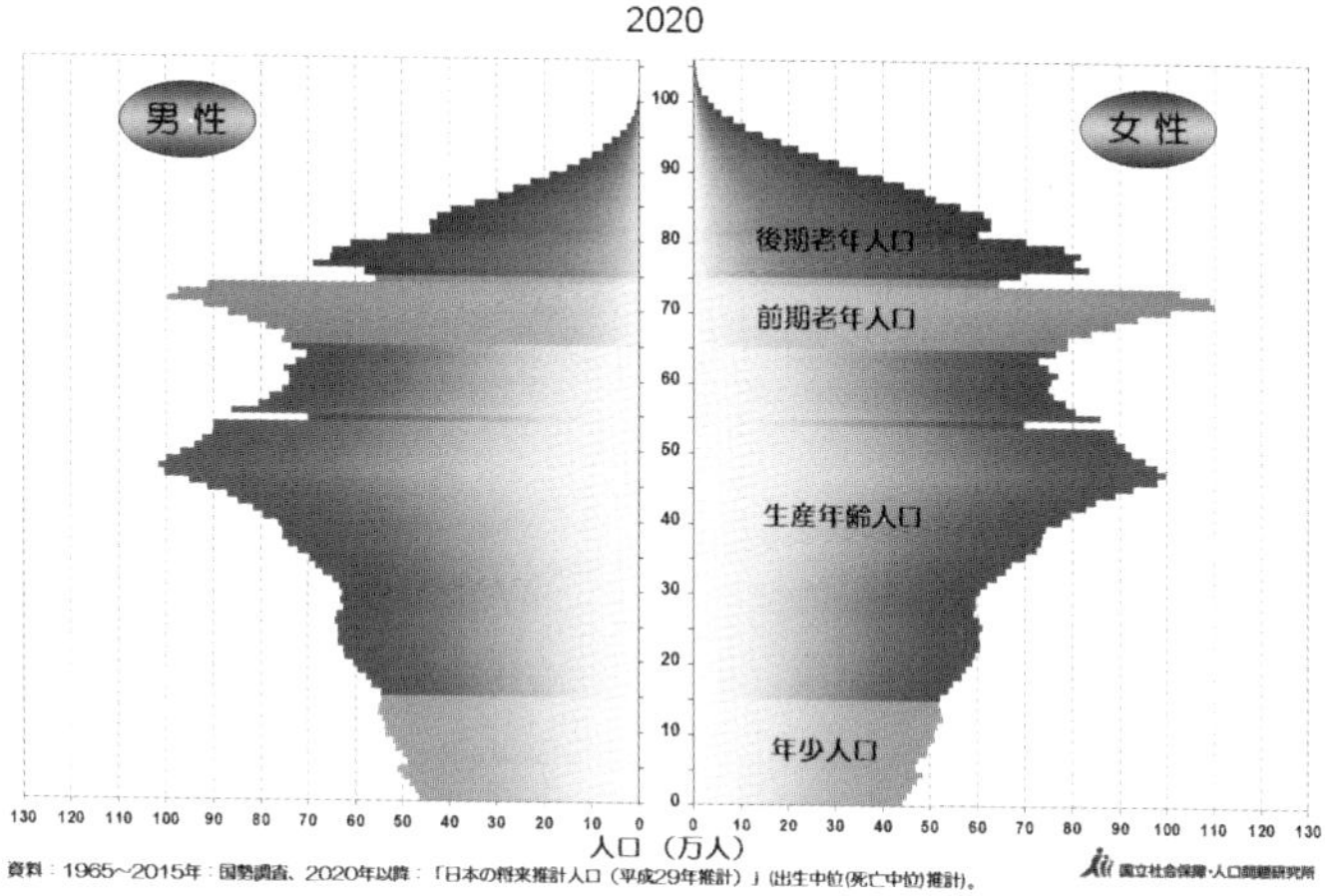

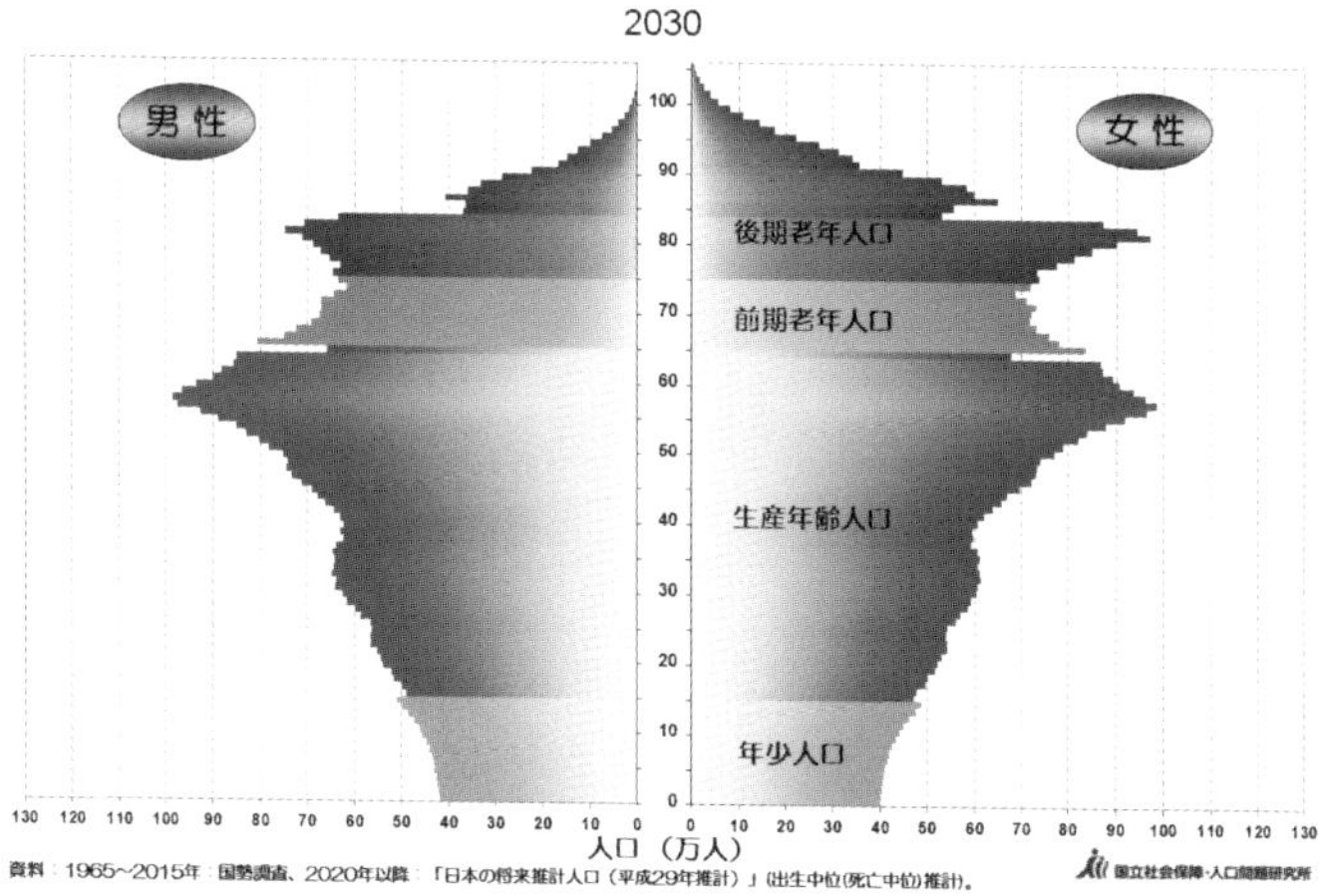

出典：国立社会保障・人口問題研究所ホームページ　(https://www.ipss.go.jp/)

な存在です。その子ども達がどんどん少なくなってきています。これはつまり、今、日本は存続の危機にあるといってもいいのです。

だからこそ、これからの日本を考えるとき、子ども達は大切な「資源」であると自覚する必要があります。日本の存亡に関わる貴重な「資源」だからこそ、国が子ども達をしっかりと守っていかないといけないのです。守ること、それはすなわち教育にお金をかけていくということです。

子どもを産みやすくする社会へ

子ども達の将来を守るためには、国が教育の無償化や保育の無償化を実現する必要があります。政府はよく子育て給付金といった、一時的な金額を支給することがありますが、子育てにかかる費用を考えると、ただの焼け石に水にしかなりません。その場限りのインパクトで終わってしまうだけで、意味がありません。

そもそも、教育費がどれくらいかかるのか政府はちゃんと理解しているのでしょうか。中学3年間、高校3年間、大学4年間の合計10年間で平均約1000万円もかかります。子どもも3人だと3000万円です。これは、地方都市なら一軒家が買えるぐらいの金額です。また、日本政策金融公庫の調査でも、世帯年収の約15%が教育費に費やされているという結果も出ています。子育て世帯の年収の主流は500万円~800万円ですので、年間100万円前後、教育費にかけている計算です。

10年間で1000万円。これは間違いなく教育費として実際にかかっている金額です。しかし、政府からの給付金は5万円程度。これでは1か月分の教育費にもなりません。そしてその給付金も、必ずしも子どものために使われるという保証もありません。先ほどもいいましたが、身勝手な親達は自分のために使ってしまう恐れがあるからです。だからこそ、「○○支援金」といった一時的なお金を支給するのではなく、10年間で1000万円もかかっている教育費を無償にするほうが意味があるのです。

もし、教育の無償化が実現したらどうなるでしょう。まず15％を占めていた家計の負担がなくなります。マイホームの実現も早くなりますし、金銭的な問題で子どもをあきらめなくてもよくなります。金銭的余裕がなく子どもは1人だけで精一杯だった家庭でも、2人、3人と子どもの数を増やせるようになります。

そしてもう1つ大切なことは、教育だけでなく保育も無償化にすることです。同時に社会でしっかりと子ども達の面倒を見られる体制を整える必要もあります。そうすることで、働く親達が安心して子どもを産み育てられるようになるからです。子どもは将来の宝であり、国や社会で守っていく必要があると何度も言いましたが、これは学校に通っている子どもだけではありません。生まれた瞬間から、子ども達は国でしっかりと支援していくべきなのです。

さらに国がいろいろな補助金を用意することで、貧困層でも安心して結婚・出産ができるようになります。奨学金を借りて安易に大学進学してしまうと、その返済で結婚もままならなくなると4

になります。

章で話しましたが、しっかりした補助金があれば、そういった方達も結婚・出産に踏み切れるよう

そして、子ども達を国でしっかりと面倒を見ると言うことは、同時に働く女性達を守るということにもつながります。多様化する社会で、女性の社会進出はごく当たり前のことになっています。しかしその一方で、子どもを育てながら働く女性の負担はまったく減っていません。

私は、昔ながらの価値観を否定しません。家庭を守り子ども達の面倒を見るという昔ながらの母親の存在は、今でも大切だと思っています。しかし、社会の多様化が進む中で、働く女性の存在も同じように大切だと考えています。そしてその働く女性達の立場が守られていないことも問題だと思っています。

働く女性にとっての妊娠出産は、キャリアの中断や失業につながります。産休・育休制度がしっかりしている大企業ならともかく、中小零細企業では妊娠出産は働く上でリスクが高いのです。そもそも産休・育休の取得が難しいところが少なくない上、産休・育休を取ることでキャリアが中断し、職場復帰が難しくなるケースも多いからです。そして働いている人の7割がその中小零細企業に務めています。また、そして2章でも話しましたが、子育てに関わる福利厚生制度がしっかりしていない職場では、子育てしながら正社員やフルタイムで働くことは大変難しいため、転職や退職を余儀なくされるケースも多いのです。

そのいい例が「小1の壁」です。働く母親にとって、子どもが保育園から小学校に上がることは

「壁」に例えられるぐらいの困難がつきまといます。保育園には延長保育というものがあって、残業があっても安心して子どもを預けることができました。しかし、小学校に上がるとその延長保育がなくなります。学童保育では、遅くまで子どもを預かってくれるところはほとんどないからです。そのため、母親達は退職や転職を余儀なくされます。これが「小1の壁」です。

子どもを育てるのは多額の教育費がかかります。しかし、母親は転職や退職などで収入が減る、もしくは無収入になってしまうのであれば、子どもを持とうとは思えなくなります。少子化が加速するわけです。それを防ぐためには、政治の力が必要です。仮に妊娠・出産で仕事を辞めても、しっかりとした給付金制度があれば金銭的な不安を感じずに子どもを産めます。そして保育の無償化や預け先の整備など、子育ての環境をしっかりと支援できれば、職場復帰しても働き方を変える必要がなくなります。

例に挙げた「小1の壁」も、学童保育を変えていくことで解決できるはずです。まずは保育園と同じように、夜7時〜8時ぐらいまで子どもを預かれる体制を整えます。それから学童は低中学年が主流ですが、小学校卒業までちゃんと学童で面倒を見られるようにすることも大切です。そうすることで親が帰ってくるまで、子どもを1人にしない、ちゃんと大人の目が届くところで放課後を過ごさせることができるようになります。そして、低学年は遊びを中心に過ごしてもいいのですが、学年が上がるにつれ勉強も学童で見てあげられることも大切です。宿題は当然のこととして、漢検などほかの勉強もしっかり学童でフォローするのです。そうすることで、仕事をしつつ子育てをしている親の負担を減らせます。

ご存知の方も多いと思いますが、小学生の親は、宿題の丸つけや音読など学校から持ち帰った勉強をチェックしなくてはならないのです。専業主婦やパートのように、子どもの帰宅時間に家にいる親と、フルタイムで働き遅い時間に帰ってくる親とでは、子どもの勉強に付き合う時間が全然違ってきます。その差を学童で埋めるべきなのです。それによって、子どもの学力の差が開くのを防ぐだけでなく、親の負担を減らすこともできます。キャリアのために子どもをあきらめていた働く女性達も、「小1の壁」でキャリアをあきらめていた女性達も、安心して子どもを産み育てられるようになるはずです。

つまり、子どもへの支援とは働く女性への支援でもあるのです。そしてそれは「子どもを産みやすく」する社会へとつながります。教育の無償化は、貧困の再生産を防ぎ、教育格差をなくすだけでなく、少子化社会を終わらせることもできるのです。何十年先の未来を見据えたとき、教育の無償化こそ日本を救う施策ではないでしょうか。

子どもへ、若い世代へ投資を

教育費は10年で1000万円かかるといいましたが、保育園からの分を含めるとさらに金額は大きくなります。これを無償化する、公費でまかなうようにするとなると、膨大な金額になるのは間違いありません。教育の無償化を実現するためには、その膨大な費用をどう捻出するのかは大きな問題です。

しかし、ここで視点を変えてみましょう。高齢者1人あたりの社会保障費は、1年間でいくらぐらいかかっているかご存知でしょうか。

内閣府の調査によると、75歳～79歳が77・5万円で、80歳～84歳は93万円。そして85歳以上は年間100万円を超えます。つまり、年間にかかる教育費と同じぐらいの額を、高齢者に支払っていることになります。

次に、人口比を見てみましょう。総務省の統計では0歳から15歳未満で区切っているので、その年代と、75歳以上を比べてみます。2021年9月15日現在で、日本の全人口のうち15歳未満の割合は11・8％です。対して75歳以上は15・0％です。

若い世代のほうが若干数が少ないわけです。極端な言い方をすれば、高齢者に払う分を、若い世代に回してもおつりが来る状態であるわけです。

日本は、高齢者の投票率が高いため、政治家達は高齢者に対して都合のいいことばかりをいいます。その結果、高齢者を優遇する政策ばかりになってしまい、若い世代への政策がおざなりになってしまっているのです。

子ども達は将来の宝であり、この先の日本を支える大切な資源です。だからこそ、少子化の進行が加速する今、資金の再配分を考えていかなくてはなりません。ただ単純に、高齢者福祉をなくせと言っているわけではありません、高齢者への福祉も必要不可欠なもので、なくすわけにはいきません。

しかし、もっと若い世代に目を向け、彼らにもお金を使っていく社会にすべきだと言っているのです。

そうすることで、貧困の再生産を食い止め、「親ガチャ」という言葉に象徴されるような格差社会に終止符を打つことができます。同時に、少子化の進行を止め、女性の社会進出を守ると言うことにもつながるのです。

教育の無償化とは、それほどまでに可能性を秘めているものなのです。

具体的に申しますと、0歳~6歳まではすべての人が子どもの預け先に困らない仕組みをつくるべきです。一時保育、シッター、ファミサポなどの利用料金補助や利便性向上が求められます。

7歳~15歳は、学校給食費を無償にすべきでしょう。全員給食が未実施の自治体もあるので、早急に改善が必要です。そして標準服、制服、学用品などの無償化もすることで家庭の負担を軽減しなければなりません。

なお現在大阪府では16~18歳まで所得制限を撤廃した上で授業料を無償化し、大阪公立大学・大学院までの授業料を無償化しようとする動きが出ています。

現時点ではまだ実現できていませんが、ぜひとも実現いただき日本中がそうなっていくことを望みます。

あとがき

「教育バウチャーを実施し、教育の無償化を実現する」

このことを思い至ったのには理由があります。それは私自身が母子家庭に育ち、高校と大学は奨学金を使って進学したからです。そう、私自身が本書のテーマである「教育を十分に受けられない貧困家庭の子ども」だったのです。

私が学生だった当時は、今と違って画一的な社会でしたから、社会人として成功するにはいい大学に入って、いい会社に入ることしか方法がないと思っていました。だからこそ、私は必死になって勉強しました。そして教員になることもできました。

だからこそ、貧困家庭の子ども達が置かれている立場が痛いほどわかるのです。進学するために借りた奨学金の返済がどれだけ大変なのかも、この身に染みています。若い世代には自分と同じような苦労をしてほしくありません。

しかし、教育の無償化を実現するためには、膨大な財源も必要になるということも十分理解しています。

1人当たり年間100万円。10年で1000万円です。その一方で、6章でもお話ししたとおり、高齢者の社会保障に同じぐらいの金額を国は使っているのです。しかも高齢者の保障は寿命がある限り、何十年も支払いが続きますが、教育費は学校を卒業するまでの間、せいぜい18年から20数年の間です。終わりがはっきりと決まっているため、予算も立てやすいはずです。

しかも、若い世代へお金をかけるということは、その金額は彼らが卒業して働き出すことで国に戻ってくるわけです。高齢者への社会保障は「掛け捨て」であるのに対し、若い世代への教育費は「投資」になります。「投資」ですから、上手く運用できれば、何倍にもなって戻ってくる可能性のあるお金です。

6章でもいいましたが、高齢者の社会保障を廃止しろといっているわけではありません。それも必要なものです。

しかし、もっと若い世代に国の予算を充ててもいいはずです。彼らに費用をかけることで、少子化の進行も食い止めることができますし、彼らが社会に出れば税収となって返ってきます。つまり巡り巡って高齢者の社会保障分もまかなえるようになるはずです。

もちろん結果が出るまでには何年もかかるものです。そのため、今やることは「予算の再配分」をし、若い世代への予算を確保することです。

ムダだと思える公金はたくさんあります。

たとえば外国人の生活保護です。そもそも生活保護とは「日本国憲法第25条の「生存権」の理念に基づき、国が生活に困窮するすべての国民に対し、その困窮の程度に応じ必要な保護を行い、最低限の生活を保障するとともに、その自立を助長すること」を目的にしています。本来は日本の国民のために設けられた制度です。

しかし日本国籍はないものの、在留資格を持ち納税している住民や、難民申請をしている人達にも「生存権」があるとし、特例的に外国人の生活保護も認められるようになりました。これが本来の生活保護です。

ところが、納税もしていない、難民申請もしていない外国人も生活保護を受けられるようになってきて話がおかしくなっています。生活保護をもらいながら闇で働いている外国人が、かなりの数存在していますし、偽装結婚で在留資格を得て、生活保護をもらっているケースもあります。

ちなみに外国人で生活保護を受給しているのは4万6041世帯です。全受給者は162万126世帯なので、その割合は2・8%です。総人口のうち、外国籍が占める割合は2・0%なので、それを若干上回っている数値です。そしてこの中には「生活保護を受けるために訪日している」外国人も含まれています。

本来は日本国民のために設けられた制度を、外国人が悪用しているといえば国民健康保険もそうです。実は手術目的で来日し、国保で手術を受けて帰国するという荒技をやってのける外国人がいます。実は外国籍でも、在留期間が3か月を超えれば国保に加入できるからです。特に中国人が多いのですが、この制度のスキをつく外国人が後を絶ちません。

日本国籍でない者が恩恵を受けている一方で、日本人の若い世代が十分な支援を得られず貧困に苦しんでいるわけです。

おかしな話ではないでしょうか。政府はもっと日本人の子ども達に目を向けるべきです。社会保障費の増大を問題とするなら、まずこういった「甘い汁」を吸っている者達を何とかすべきではないでしょうか。

払うべきところには払い、払わなくてもいいところには払わない、これをするだけでも財源はかなり違ってくるはずです。そして支払うのも「適正な金額」である必要があります。「支払いすぎている」ものが実に多いからです。

たとえば議員報酬です。そもそも議員報酬は高すぎます。ある区議会議員の報酬を例に出してみましょう。ある区は議員の報酬が1か月90万円となっています。それに20万円の政務調査費が加わるので、月収110万円になります。こんなに必要でしょうか。ちなみにその区役所に勤める公務員は年収700万円～800万円なので、手取りで月30万円程度です。公務員にくらべ、月100万はもらいすぎでしょう。

改革を進めるのであれば、自ら身を切っていかないと説得力が生まれません。たとえば私は、「身を切る改革」の1つとして、議員報酬の一部を返上することが必要だと考えています。制度としての返納が認められていないため、毎月何割かを寄付をする活動を行うべきです。議員に支払われる報酬のもとは税金です。サラリーマンはお給料から勝手に天引きされており、その使われ方がこのようでは、納税者の立場からすれば、まさに「ふざけるな」です。

ですから、議員報酬は適正額まで減らしていく必要があります。同時に議員数も見直すべきです。先ほど例に挙げたある区の定員は50名ですが、その区の規模を考えるとこれは多すぎます。報酬にしろ、定員数にしろ、身の丈に合ったというべきでしょうか、適正な金額、適正な数にすべきなのです。

報酬を減らすことも、議員数を減らすことも、現職にとっては大打撃です。己の利益を減らすだけでなく、場合によっては議員という立場を失うからです。

しかし、議員が自分達の私腹を肥やしているようでは、改革はなし得ません。何もしないままだと、日本は先細りする一方です。自ら身を切って、それを食い止めるのです。

それは既得権益、つまり権力に群がって甘い汁を吸っている存在との戦いでもあります。しがらみがなく忖度をする必要がない政治を実現しなければなりません。

国の仕組みを変えていくためには、大きな組織に所属し、そこから立候補したほうが手っ取り早いでしょう。資金力もあり、選挙に勝つための支援もしっかりしているので、当選する可能性も高くなるからです。しかし、大きな組織は教育界の既存組織と深くつながっており、思うように改革を進めることはできません。

公立校の教職員の労働組合は日教組（日本教職員組合）と全教（全日本教職員組合）の2種類あります。ちなみに地域によって日教組が強いところと全教が強いところがあるのですが、都立高校は日教組が強い印象がありました。

教育バウチャーをはじめとする教育改革を始めようとしたとき、これらの組織から強い反対がでるのは間違いありません。組合はよりよくしようとするより、自分達の生活を第一に考えるからです。その結果、思い描く政策ができなくなるのです。

日本が抱える問題は少子高齢化だけではありません。地方財政は破綻し、経済は冷え切っています。この国はかつてない危機にさらされているのです。このままでいいわけがありません。忖度して骨抜きになった名前だけの改革をする余裕などないのです。

今やらなくてはならないことは、メスが入らなかった部分に、どんどんメスを入れムダを見つけていくことです。ムダを省き、必要なところに必要なお金を使う、それだけでこの国はもっとよくなります。

私が特に声を大にして言いたいことは、税金で給与が支払われている議員や公務員は誰よりも襟を正して、公務員の給与は税金から支払われているということをもっと自覚しなければならないということです。

議員特権にメスを入れて財源を確保していくことはとても大切な考え方だと思います。そして公務員の皆さんも労働者である前に、税金で賄われていることを忘れず身分保障に安住して権利ばかりを主張するのではなく、市民のために働くことを何よりも求められると思うのです。

教育に関していうなら、未就学児を含めた若い世代にもっとお金を使うことです。彼らにお金を使うことは将来への投資であり、日本をこの窮地から救うことにもつながります。教育バウチャーの導入は教育の機会均等を実現することだけではありません。貧困の再生産を終わらせ、格差社会で苦しむ若い世代を救うことにつながります。女性の社会進出を助け、少子化の進行を食い止めることもできます。それによって経済も活性化し、国力も大きく上がります。
教育の無償化、教育バウチャーの導入は、これほどまでに可能性に満ちたものなのです。それを実現するために、私はこれからも尽力していきます。

永井　充

著者略歴

永井　充（ながい　みつる）

1978生まれ。教育評論家。立命館大学卒業後、民間企業、官公庁を経て東京都立高校の教員に。都立上野高校、都立小石川中等教育学校、都立豊島高校で教鞭を取った後、教育改革をとなえて独立。在職中は、自身の貧困体験から、母子家庭・父子家庭の生徒に塾や予備校に頼らずに進学し、道を切り拓く手法を説く。

◎講演や出演など

2017年　漢字能力検定協会主催「これからの時代を担う子ども達に、国語教育ができること」で講演

2019年　Ｆｉｎｄ！アクティブラーナーの模範授業として出演（源氏物語）

2020年　東京都立豊島高等学校主催「豊島セミナー」発車ベル作曲家松澤健氏と講演

2020年　東京都立豊島高等学校主催「豊島セミナー」女子プロレスラー春日萌花氏と講演

2021年　東京都立豊島高等学校主催「豊島セミナー」男性保育士・女性消防士と講演

2022年　東京都立豊島高等学校主催「豊島セミナー」銚子電鉄代表取締役竹本勝紀氏と講演　他

貧困家庭の子どもが社会で成功する方法

2023年３月28日　初版発行

著　者　永井　充　© Mitsuru Nagai

発行人　森　　忠順

発行所　株式会社 セルバ出版
〒113-0034
東京都文京区湯島１丁目12番６号 高関ビル５Ｂ
☎ 03（5812）1178　　FAX 03（5812）1188
https://seluba.co.jp/

発　売　株式会社 三省堂書店／創英社
〒101-0051
東京都千代田区神田神保町１丁目１番地
☎ 03（3291）2295　　FAX 03（3292）7687

印刷・製本　株式会社 丸井工文社

●乱丁・落丁の場合はお取り替えいたします。著作権法により無断転載、複製は禁止されています。

●本書の内容に関する質問はFAXでお願いします。

Printed in JAPAN

ISBN978-4-86367-805-7